Reif werden zum Tode

Herausgegeben von
Elisabeth Kübler-Ross

Gütersloher Verlagshaus
Gerd Mohn

Gekürzte Taschenbuchausgabe.
Die ungekürzte deutsche Originalausgabe ist lieferbar im
Kreuz-Verlag, Stuttgart

Die Originalausgabe erschien unter dem Titel
»Death: The Final Stage of Growth« im Verlag Prentice-Hall, Inc.
Englewood-Cliffs, New Jersey (USA).
Die Übertragung aus dem Amerikanischen besorgte Jens Fischer
unter Mitwirkung von Helmut Weigel.

CIP-Kurztitelaufnahme der Deutschen Bibliothek

Reif werden zum Tode / hrsg. von Elisabeth Kübler-Ross.
[Die Übertr. aus d. Amerikan. besorgte Jens Fischer
unter Mitw. von Helmut Weigel]. –
Gekürzte Taschenbuchausg., 5. Aufl., (71.–95. Tsd.). –
Gütersloh: Gütersloher Verlagshaus Mohn, 1986.
  (Gütersloher Taschenbücher Siebenstern; 1023)
  Einheitssacht.: Death ⟨dt.⟩
  ISBN 3-579-01023-9

NE: Kübler-Ross, Elisabeth [Hrsg.]; EST; GT

ISBN 3-579-01023-9

5. Auflage (71.–95. Tsd.), 1986
Lizenzausgabe mit freundlicher Genehmigung des
Kreuz Verlages, Stuttgart
© Kreuz Verlag, Stuttgart 1975
Gesamtherstellung: Clausen & Bosse, Leck
Umschlagentwurf: Dieter Rehder, Aachen
Printed in Germany

Inhalt

Gebet für die Heilenden

Gebet des Heiligen Franziskus
(bearbeitet von Charles C. Wise)

Herr,
        mach mich zum Werkzeug Deines Heils:
wo Krankheit ist,
        laß mich Heilung bringen;
wo es Verwundungen gibt,
        Hilfe;
wo es Leiden gibt,
        Linderung;
wo Traurigkeit herrscht,
        Trost;
wo Verzweiflung ist,
        Hoffnung;
wo der Tod ist,
        Einwilligung und Frieden.

Gib, daß ich nicht so sehr
danach trachte, mich zu rechtfertigen,
        als zu trösten;
Gehorsam zu finden,
        als zu begreifen;
geehrt zu werden,
        als zu lieben . . .
denn dadurch, daß wir uns selber schenken,
        bringen wir Heilung,
dadurch, daß wir zuhören,
        spenden wir Trost,
und durch das Sterben
        werden wir geboren zum ewigen Leben.

Gewidmet Manny, Kenneth und Barbara,
deren Liebe dieses Werk ermöglicht hat,
und dem Andenken an meine Mutter,
die an dem Tage starb, an dem das
Manuskript dieses Buches fertiggestellt wurde:
am 12. September 1974.

Mein Dank gilt Doug McKell für seine unermüdliche Hilfe
bei der Zusammenstellung des Manuskripts, Rosalie Monteleonie,
die mich immer wieder ermutigt und mein Büro organisiert,
sowie den Rubins, deren Unterstützung ich immer gewiß bin,
wenn ich sie am meisten brauche.
Joe und Laurie Braga waren nicht nur die Anreger dieses Buches,
sie haben auch unzählige Stunden auf seine Gestaltung verwandt
und sind mir mit ihrer Liebe für diese Aufgabe zu guten Freunden
geworden.

Elisabeth Kübler-Ross

Vorwort

Tod ist ein Thema, das unsere Gesellschaft mit ihrer Verehrung der Jugend und Orientiertheit am Fortschritt übergeht, außer acht läßt und verleugnet. Es scheint beinahe so, als sähen wir im Tod nur eine weitere Krankheit, die überwunden werden muß. Aber es bleibt eine Tatsache, daß der Tod unvermeidlich ist. Wir werden alle sterben. Das ist nur eine Frage des Zeitpunktes. Tod ist ebensosehr ein Teil der menschlichen Existenz, der menschlichen Reifung und Entwicklung wie die Geburt. Er ist eines der wenigen Dinge im Leben, auf die wir zählen und von denen wir überzeugt sein können, daß sie sich ereignen werden. Der Tod ist nicht ein Feind, der überwunden werden muß, oder ein Gefängnis, aus dem man entfliehen muß. Er ist integraler Bestandteil unseres Lebens und verleiht der menschlichen Existenz Sinn. Er setzt unserer Lebenszeit eine Grenze und zwingt uns, etwas Produktives innerhalb dieser Zeit zu tun, solange wir sie noch nützen können.

Daher ist das die Bedeutung des Todes: Die letzte Stufe der Reife: Alles, was du bist, und alles, was du getan hast und gewesen bist, konvergiert in deinem Tod. Wenn du stirbst und wenn du das Glück hast, vorher davor gewarnt zu werden (nicht nur in der Weise, wie wir alle zu jeder Zeit gewarnt werden, wenn wir uns unserer Begrenztheit bewußt sind), dann bekommst du deine letzte Chance zur Reife, das heißt wahrhaft jener zu werden, der du wirklich bist, in noch umfassenderer Weise Mensch zu sein. Aber du brauchst nicht zu warten, bis der Tod auf deiner Schwelle steht, um wirklich mit dem Leben anzufangen. Wenn du es vermagst, in dem Tod einen unsichtbaren, aber freundlichen Gefährten auf deiner Lebensreise zu sehen – der dich sanft daran erinnert, nicht bis morgen mit dem zu warten, was du eigentlich tun willst –, dann kannst du lernen, dein Leben wirklich zu leben und nicht nur einfach dahinzugleiten.

Es ist nicht so wichtig, ob du jung stirbst oder in fortgeschrittenerem Alter. Es kommt darauf an, ob du die Jahre, die dir gegeben waren, wirklich voll gelebt hast. Jemand kann in achtzehn Jahren mehr gelebt haben als ein anderer in achtzig. Leben soll dabei nicht heißen, krampfhaft eine Vielfalt und Quantität von Erfahrungen aufzuhäufen, die Wert nur in der Vorstellung anderer haben. Leben soll hier vielmehr heißen, jeden Tag so zu verbringen, als sei es der letzte. Wir meinen damit, Frieden und Stärke zu finden, um mit den Enttäuschungen und dem Schmerz des Lebens fertig zu werden, und zugleich nach Möglichkeiten zu suchen, um die Freuden und das Entzücken am Leben erreichbarer zu machen, sie zu vergrößern und zu erhalten. Eine dieser Möglichkeiten liegt darin, sich auf einige Dinge zu konzentrieren, die man auszublenden gelernt hat – das Entstehen neuer Blätter im Frühling zu bemerken und sich daran zu freuen, die Schönheit der Sonne zu bewundern, wie sie jeden Morgen aufgeht und jeden Abend versinkt, Trost zu finden im Lächeln oder in der Berührung eines anderen, das Größerwerden eines Kindes mit Staunen zu beobachten und teilzunehmen an dem wunderbar unkomplizierten, enthusiastischen und vertrauensvollen Zugang zum Leben, den Kinder haben.

Freude haben an der Möglichkeit, jeden neuen Tag neu zu erleben, heißt sich auf die endgültige Annahme des Todes vorzubereiten. Es sind jene, die nicht wirklich gelebt haben, die Vorhaben unerledigt gelassen haben, Träume unerfüllt, Hoffnungen zerstört und die die wirklichen Dinge im Leben an sich haben vorüberziehen lassen (andere zu lieben und von ihnen geliebt zu werden, zum Glück und Wohlbefinden anderer Menschen positiv beizutragen, herauszufinden, wer das denn wirklich ist: man selbst), die am meisten zögern, sich auf den Tod einzulassen. Es ist niemals zu spät, mit dem Leben und dem Reifwerden zu beginnen. Das ist die Botschaft, die in jedem Jahr in Dickens »Weihnachtsgeschichte« deutlich wird – sogar der alte Scrooge, der Jahre damit vertan hat, ein Leben ohne Liebe und Sinn zu führen, ist durch seine willensmäßige Entscheidung in der Lage, den Weg, auf dem er sich befindet, zu verlassen. Reifen ist die menschliche Weise des Lebens, und der Tod ist die letzte Stufe in der Entwicklung menschlicher Wesen. Um das Leben jeden Tag richtig einzuschätzen und nicht nur in der Zeit, wo der Tod nahe bevorsteht, muß man den eigenen unvermeidlichen Tod fest vor Augen haben und akzeptieren. Wir müssen es zulassen, daß der Tod den Kontext für unser Leben liefert, denn in ihm liegt die Bedeutung des Lebens und der Schlüssel zu unserer Reife.

Denke an deinen eigenen Tod. Wieviel Zeit und Energie hast du darauf verwandt, deine Gefühle, Überzeugungen, Hoffnungen und Befürchtungen über das Ende deines Lebens zu überdenken? Was wäre, wenn man dir sagte, du hättest nur noch eine begrenzte Zeit zu leben? Würde es deine gegenwärtige Lebensweise verändern? Gibt es Dinge, die vor deinem Tode zu tun für dich eine Notwendigkeit wäre? Hast du Angst vor dem Sterben? Vor dem Tod? Kannst du die Quelle deiner Ängste identifizieren? Denke an den Tod von jemandem, den du liebst. Über was würdest du mit einem Sterbenden reden, den du liebst? Wie würdest du die Zeit mit ihm verbringen? Bist du vorbereitet, dich mit allen gesetzlichen Einzelheiten zu befassen, die den Tod eines Verwandten betreffen? Hast du mit deiner Familie über den Tod und das Sterben gesprochen? Gibt es Dinge, emotionale oder praktische, von denen du meinst, es wäre nötig, sie mit deinen Eltern, den Kindern, den Geschwistern vor deinem eigenen Tod oder dem ihren zu regeln? Welche Dinge auch immer dein persönliches Leben sinnvoller machen würden — tue sie jetzt, denn du wirst sterben. Vielleicht wirst du nicht die Zeit oder die Energie haben, wenn sich das unwiderrufliche Ende ankündigt.

In diesem Buch hat Dr. Elisabeth Kübler-Ross (die »Tod-und-Sterben-Dame«, als die sie bekannt ist) eine Vielfalt von Ansichten zum Thema Tod und Sterben gesammelt, die dir eine Orientierung geben werden bei deiner Suche nach der Bedeutung von Leben und Tod. Ob du nun ein Patient bist, der im Sterben liegt, ein Verwandter, Freund oder Geliebter von jemandem, der stirbt, Angehöriger einer der Pflegeberufe, die mit Sterbenden zu tun haben, oder einfach jemand, der lernen möchte, in einem umfassenderen Sinn zu leben durch das bessere Verständnis der Bedeutung des Todes — dieses Buch liefert Einsichten, die dir helfen sollten, Frieden in Leben und Tod zu finden.

Frau Dr. Kübler-Ross läßt uns teilnehmen an den Erfahrungen ihres eigenen Lebens, die ihr die Orientierung und die Stärke gegeben haben, die notwendig sind, um unsere Augen und unsere Herzen für die Realitäten des Todes und des Sterbens zu öffnen. Aus Diskussionen des Problems aus der Sicht von Pfarrern und Rabbis, Ärzten, Krankenschwestern, Beerdigungsunternehmern und Soziologen, aus der Darstellung der Ansichten von Tod und Sterben in anderen Kulturen, aus der Mitteilung der Gefühle von Menschen, die sterben oder den Tod derer erfahren, die sie lieben, hat die Autorin eine Sammlung von Perspektiven über den Tod und das Sterben zusammengestellt und miteinander verbunden, die die Gedanken und die Gefühle über diesen Gegenstand stimulieren sollten. Wer du auch bist und in welchem Stadium der Reife du dich befindest, du wirst hier etwas finden, den Weg deiner Lebensreise zu erhellen.

Niemand von uns weiß, was uns nach diesem Leben erwartet. Aber du wirst die Gedanken, die Meinungen und Hoffnungen anderer Kulturen und von Angehörigen unserer eigenen Kultur hören. Du wirst die Entwicklung einer Frau beobachten können, die die Erfahrung des Todes ihres einzigen Sohnes mitteilt. Du wirst lernen, wie einige einen Weg gefunden haben, sich durch ihren Kummer über den Tod einer geliebten Person hindurchzuarbeiten, und du wirst Möglichkeiten sehen, dir selbst und andern in diesem Prozeß zu helfen. Du wirst erfahren, auf welche Faktoren es dabei ankommt, wie eine Person dem Tod begegnet, und Einsicht gewinnen in die Art von Persönlichkeitsmerkmalen, die Einwilligung in jenes Schicksal vorhersehen lassen. Und du wirst sehen, wie alle diese Dinge im alltäglichen Leben angewandt werden können, selbst wenn noch fünfzig Jahre auf dieser Erde vor dir liegen.

Aber es genügt nicht, einfach mit dem Intellekt diesen Gegenstand des Todes und des Sterbens zu behandeln. Du mußt über die Worte hinausgehen und dich auf die Gefühle einlassen, die jene Worte bei dir hervorrufen. Während der Lektüre ist es wichtig, daß du dich einstimmst und deine eigenen tief innerlichen Reaktionen auf die vorgelegten Berichte überprüfst. Dann denke über diese Gefühle nach, die sowohl dein Verhältnis betreffen zu dem Tod anderer – von Freunden, in der Familie oder von sterbenden Patienten, denen du beruflich einen Dienst erweist – als auch zu deinem eigenen Tod und schließlich zu der Weise, wie du dein Leben lebst.

Wegen des Mutes und der Liebe zur Menschlichkeit, die Elisabeth Kübler-Ross damit bewiesen hat, daß sie das vielfach gemiedene Thema des Todes und des Sterbens ins öffentliche Bewußtsein gehoben hat, erhalten wir alle hier eine unvergleichliche Möglichkeit: die wirkliche Bedeutung des Lebens dadurch zu entdecken, daß wir uns über die Stellung des Todes im Spektrum der menschlichen Entwicklung klar werden und dadurch lernen, die Gabe unseres Lebens so glücklich und produktiv wie möglich zu nutzen. Wenn man ein Problem annimmt, macht man, gleichgültig, ob man es lösen kann oder nicht, einen Fortschritt. Tod ist ein Problem unserer Gesellschaft. Wir fordern dich auf, die Herausforderung und die Möglichkeit zu akzeptieren, die dir jetzt durch die direkte Konfrontation mit diesem Problem gegeben ist. Du wirst durch diese Erfahrung reifer werden.

Joseph L. Braga   Laurie D. Braga

Elisabeth Kübler-Ross hat nicht nur die von ihr namentlich gezeichneten Beiträge (S. 16–30 und S. 173–182) verfaßt, sondern auch die Einleitungen zu den einzelnen Kapiteln und die kursiv gesetzten Einführungstexte zu jedem Beitrag.

Joseph und Laurie Braga sind die Herausgeber der Buchreihe »Human Development Books«, innerhalb derer das vorliegende Werk in den Vereinigten Staaten von Amerika erschienen ist.

1. Kapitel
Reif werden zum Tode
Eine Entdeckungsreise

Elisabeth Kübler-Ross
Erfahrungen und Erkenntnisse

Wenn dieses Buch erscheint, werden über zehn Jahre seit meinem ersten Interview mit einem jungen sterbenden Patienten vor einer Gruppe von Medizinstudenten in Colorado vergangen sein.

Es war auf gar keine Weise geplant oder vorgesehen, und zu jener Zeit hatte niemand auch nur die leiseste Ahnung, daß diese Art von »Tod-und-Sterben-Seminar« allgemein bekannt und im ganzen Land und in Übersee nachgeahmt werden würde. Als Ausländerin habe ich niemals daran gedacht, ein Buch über diesen Gegenstand zu schreiben. Ich versuchte einfach, meinen Beruf als neuer Lehrer für Psychiatrie gut auszufüllen. Ich kam aus Europa und war betroffen über das mangelhafte Verständnis und die fehlende Wertschätzung der Psychiatrie unter den Medizinstudenten. Ich muß zugeben, daß viele der Lehrer einfach langweilig waren und nur den Inhalt von psychiatrischen Lehrbüchern mit den jungen Medizinstudenten repetierten, die besser daran getan hätten, die Originaltexte selbst zu lesen. Andere überfluteten die Studenten mit einer Terminologie, die für sie keinen Sinn besaß. So kam es, daß die Studenten einfach abschalteten oder in den Vorlesungen dösten.

Psychiatrie unter einem ausgezeichneten und bewunderten Professor (Dr. Sydney Margolin, Denver) zu lehren war für mich eine Herausforderung. Ich suchte nach Möglichkeiten, das Interesse meiner Studenten während der zweistündigen Vorlesung wach zu halten. Da ich die Absicht hatte, nicht über psychiatrische Krankheiten zu sprechen, kam mir der Gedanke, daß Tod und Sterben einen interessanten Gegenstand darstellten, mit dem letzten Endes alle Studenten in Kontakt kommen würden. Ich suchte verzweifelt nach Literatur, aber da gab es wenig zu finden. Schließlich stellte ich meine erste Vorlesung zusammen, eine Kompilation aus Ritualen und Sitten in anderen Kulturen, über die Weisen, mit dem Tod fertig zu werden: von den amerikanischen Indianern bis hin zum modernen Menschen des Westens. Um diese Darstellungen auf ein klinisches und bedeutsameres Niveau zu heben, ließ ich der Vorlesung ein Interview mit einem sechzehnjährigen Mädchen folgen, das unter akuter Leukämie litt, und ich forderte einige Medizinstudenten auf, Fragen an sie zu richten. Den Hauptteil des Gespräches bestritt die Patientin. Die Studenten waren erschrocken, nervös, steif oder sehr akademisch – sie zeigten mehr Beklemmungen als das sterbende Mädchen.

Zu meiner Erleichterung schlief niemand von den Studenten ein. Sie saßen schweigend dabei und blieben versunken in ihren eigenen Gedanken und Gefühlen über das Mysterium des Todes, dem sie sich als zukünftige Ärzte stellen mußten (obgleich ihnen das noch nicht aufgegangen war bis zu dem Augenblick, wo sich ihnen das Mädchen mitteilte).

Viel später in Chicago, wo diese Seminare regelmäßig jede Woche stattfanden, beschrieb eine Medizinstudentin sehr treffend, was sie in all den Jahren ihrer Ausbildung niemals bemerkt hatte: »Trotz aller meiner Erfahrungen als Medizinstudent bei dramatischen und verzweifelten Wiederbelebungsversuchen kann ich mich kaum daran erinnern, einen Toten gesehen zu haben. Das liegt zweifellos zum Teil daran, daß ich das Verlangen hatte, so wenig wie möglich mit Leichen zu tun zu haben. Zum Teil jedoch liegt es auch an dem bemerkenswerten Akt des Verschwindenlassens, mit dem Leichen sorgfältig und eilig außer Sicht geschafft werden. In all den Stunden bei Tag und Nacht, die ich in diesem Hospital verbrachte, habe ich niemals auch nur eine Kleinigkeit der ›Prozession‹ gesehen vom Herausholen der Bahre aus dem Zimmer des Patienten bis zu seinem Ziel, sei es die Pathologie oder die Leichenhalle.«

Viele Jahre hindurch habe ich immer wieder sterbende Patienten gebeten, unsere Lehrer zu sein. Sie taten das freiwillig und waren sich durchaus bewußt, daß viele Studenten sie beobachten und ihnen zuhören würden. Um größere Privatheit zu erreichen, saßen wir hinter einem durchsichtigen Spiegel, wurden gesehen und gehört von Ärzten, Schwestern, Geistlichen, Sozialarbeitern und anderen, die sich mit sterbenden Patienten beschäftigten. Einige der Beobachter konnten kaum die Angst ertragen, die diese Gespräche in ihnen hervorriefen. Andere waren erfüllt von Scheu und Bewunderung über den Mut und die Offenheit dieser Patienten. Ich glaube nicht, daß irgendeiner von den Hunderten von Studenten, die dabeigesessen und zugehört haben, unberührt geblieben ist. Alte Erinnerungen kamen an die Oberfläche, begleitet von einem neuen Bewußtsein der eigenen Ängste, die verstanden, aber nicht verurteilt werden wollten. Wir alle machten in vieler Hinsicht Fortschritte, vielleicht die wichtigsten in bezug auf die Bewertung des Lebens selbst.

Einer meiner einfühlsamsten Studenten berichtete von diesen Erinnerungen: »Ich erinnere mich an G., einen meiner besten Freunde. Ich war zwanzig, als G. ins Krankenhaus ging wegen einer Routineuntersuchung. Er bedeutete mir sehr viel, besonders während meiner Teenagerjahre. Ich glaube, wie alle Teenager war ich der Meinung, daß meine Eltern mich nicht verstanden, und irgendwie verstand G. mich immer. Ich traf ihn als Ministranten in der Kirche. Als ich älter wurde, schien er der einzige Mensch zu sein, mit dem man wirklich reden konnte.«

Dieser Student beschrieb später, wie er Musik studierte, wie eine schwere Krankheit ihn zwar am Leben ließ, aber ohne Gesangsstimme, und wie es G. war, der ihn dazu ermutigte, niemals aufzugeben. Er gewann seine Stimme wieder, aber dann sah er sich einer anderen Tragödie gegenüber: »Im nächsten Herbst kam G. ins Krankenhaus zu einer Gewebsentnahme. Es war Krebs. Der Arzt sagte ihm, daß er vielleicht noch sechs Monate zu leben hätte. Ich besuchte ihn in den folgenden Monaten regelmäßig zu Hause, und allmählich gelangte die Wahrheit auch zu mir. Er wurde dünner und schwächer und war schließlich ans Bett gefesselt, ein Skelett mit weißen Haaren. Ich konnte es nicht mehr länger ertragen und verließ ihn. Ich sah ihn als Lebenden nie wieder. Er starb einige Wochen später. Noch im Tod erinnerte er sich an mich. Er wußte, daß ich als jüngeres Mitglied des Chores niemals Solo-Arien würde singen können, und er bestimmte in den Anweisungen für sein Begräbnis, daß ich dabei singen sollte. Sein Begräbnis war ein festliches Ereignis. Menschen, denen er irgendwann einmal geholfen hatte, kamen von überallher zusammen. Ich konnte nicht glauben, daß ein einzelner Mann im Leben so vieler Menschen eine Rolle spielen konnte. Und ich glaube, ich habe mir niemals verziehen, daß ich ihn in jenen letzten Wochen im Stich gelassen habe.«

Der Student, der diese Erinnerungen vor wenigen Jahren aufschrieb, ist jetzt einer der hilfreichsten Pfarrer, die ich kenne, für Schwerkranke oder Hinterbliebene. Durch solche Verluste und dadurch, daß wir Sorge um andere Menschen tragen, lernen wir mit ihnen, dem Tod ins Auge zu sehen statt ihn zu verleugnen.

Eine junge Sozialarbeiterin beschrieb uns die Gründe, warum sie an den Tod-und-Sterben-Seminaren teilnehmen wollte. Sie hatte Jahre hindurch mit älteren Menschen gearbeitet und sich bei dieser Arbeit niemals wohlgefühlt, bis sie an den Seminaren teilnahm und hörte, was unsere Patienten zu sagen hatten: »Einer der Hauptgründe dafür, warum viele von uns es vermeiden, vom Tod zu reden, ist das schreckliche und unerträgliche Gefühl, daß es nichts gibt, was man sagen oder zum Trost des Patienten tun könnte. Ich hatte ein ähnliches Problem bei der Arbeit mit vielen alten und hinfälligen Patienten in den vergangenen Jahren. Immer hatte ich das Gefühl, hohes Alter und Krankheit seien so vernichtend, daß ich, obgleich ich Hoffnungen vermitteln wollte, nur Verzweiflung brachte. Ich hatte den Eindruck, das Problem der Krankheit und des Todes sei so unlösbar, daß ich diesen Menschen nicht helfen könnte. Ich glaube, dieses Seminar hat mich dazu gebracht, einzusehen, daß Leben nicht in geistiger und physischer Agonie enden muß. Dadurch, daß ich etwa Herrn N. (einem unserer interviewten Patienten) zuhörte, wie er den Tod seines Schwiegervaters als etwas nahezu Schönes beschrieb, und dann sah, wie er selbst so gut mit dem eigenen nahenden Tod fertig wurde, gewann ich das Gefühl, daß es tatsächlich möglich ist, die Krise des Sterbens auf eine würdige Weise zu meistern. Bei der Arbeit mit jedem Patienten muß es ein Ziel geben, das beide verfolgen, und den Glauben, daß Lösung oder Trost möglich ist. Aus den Beobachtungen der Interviews scheint es mir, als ob das Zuhören selbst einen Trost für diese Patienten bedeutet. Eine weitere große Hilfe, die nach meinem Eindruck ein Sozialarbeiter der Familie eines sterbenden Patienten geben kann – nicht in der Weise, die die Fachliteratur betont (Haushaltsführung, finanzielle Hilfe usw.) –, liegt darin, sie darin zu unterstützen, sich besser dem Patienten mitzuteilen. Herr N. wollte mit seiner Frau über seine Krankheit sprechen und sie mit ihm. Aber beide hatten Angst, dem anderen Schmerz zu bereiten, und sie wußten nicht, wieviel der andere wußte. Mit Hilfe der Gruppe war Frau N. in der Lage, das Thema mit ihrem Mann anzusprechen, und dann konnten sie sich einander mitteilen und zu einer Quelle des Trostes füreinander werden – anstatt daß jeder für sich allein litt.

Das Seminar war sicherlich eine Hilfe für mich, um dieses zu begreifen, daß Menschen nicht alleine leiden müssen, wenn sie sterben. Es ist möglich, ihnen zu helfen, ihre Gefühle mitzuteilen und auf diese Weise Erleichterung und Frieden zu finden.«

Viele unserer Patienten gelangten aus einem Stadium des Schocks und des Unglaubens zu der immer wiederkehrenden Frage: »Warum ich?« Viele unserer sterbenden jungen Menschen versuchten, in ihrem Leiden einen Sinn zu sehen. Victor Frankl hat einmal geschrieben. »Wir wollen einmal überlegen, was wir tun können, wenn ein Patient fragt, was der Sinn des Lebens ist. Ich habe Zweifel, ob ein Arzt diese Frage im allgemeinen beantworten kann. Denn der Sinn des Lebens unterscheidet sich von Mensch zu Mensch, von Tag zu Tag und von Stunde zu Stunde. Worauf es daher ankommt, ist nicht der Sinn des Lebens im allgemeinen, sondern vielmehr der besondere Sinn eines menschlichen Lebens zu einem gegebenen Zeitpunkt.«

Später macht er deutlich, was jeder von uns öfter begreifen sollte: »Da jede Lebenssituation eine Herausforderung an den Menschen darstellt und ihm ein Problem zur Lösung vorlegt, könnte die Frage nach dem Sinn des Lebens tatsächlich umgekehrt werden. Letzten Endes sollte der Mensch nicht danach fragen, was der Sinn des Lebens sei, sondern vielmehr begreifen, daß er es ist, der befragt wird. Mit einem Wort, jeder Mensch wird vom Leben befragt; und er kann dem Leben nur antworten, indem er für sein eigenes Leben antwortet. Dem Leben kann er nur antworten, indem er sich verantwortlich verhält.«

Wenn man Hunderte von sterbenden Patienten gesehen hat, wie sie durch die Krise ihrer Krankheit weiterkommen, verantwortlich werden für ihr eigenes Leben, fragt man sich, ob Frankl selbst dieses Maß der Weisheit und des Verständnisses, des Mitleids und des inneren Reichtums erreicht hätte, wenn er nicht in den Todeslagern des Zweiten Weltkrieges Tausende von Malen die Erfahrung der Konfrontation mit dem Tode gemacht hätte!

Ein junger Pfarrer, der seinen Pflichten als Krankenhaus-Seelsorger mit sehr gemischten Empfindungen entgegensah, resümierte seine Empfindungen nach dem Tod-und-Sterben-Seminar, für das er sich zur Vorbereitung auf seinen Beruf eingeschrieben hatte:

»Ich betrachte diese Möglichkeit als eine völlig neue Erfahrung für mich, und zwar eine, der ich mit einem Gemisch aus

Aufregung, Neugier und Schrecken entgegensehe. Ich will fünf ›Regeln‹ in diese Erfahrung einbringen, ›Regeln‹, von denen ich weiß, daß sie sich durch die Erfahrung, die ich mit ihnen machen werde, verändern werden:

Nummer 1: Konzentriere dich auf den sterbenden Patienten nicht als auf einen Fall einer Krankengeschichte, sondern als auf einen Partner in einer Mensch-zu-Mensch-Beziehung. Diese Haltung macht Einstellungen erforderlich, die mir neu sind. Zunächst muß ich versuchen, ich selbst zu sein. Wenn der sterbende Patient mich ablehnt, aus welchem Grund auch immer, muß ich dieser Ablehnung standhalten. Ebenso muß ich die andere Person sie selbst sein lassen, ohne meine eigenen Gefühle der Ablehnung oder der Feindseligkeit auf sie zu projizieren. Da der Patient ein menschliches Wesen ist, gehe ich davon aus, daß er dieselbe Art von Liebe und Fürsorge nötig hat wie ich, wenn ich an seiner Stelle wäre.

Nummer 2: Ehre die Heiligkeit des menschlichen Wesens. So wie ich ›geheime‹ Wertvorstellungen, Ängste und Freuden habe, so auch er. Sein Gott, sein Christus und sein Wertsystem sind ebenso wie die meinen in einem langen Leben der Neugierde, des Kampfes und der Hoffnung gewonnen worden. Ich glaube daran, daß wir, wenn wir miteinander über uns selbst reden, etwas Gemeinsames finden werden. Und diese Gemeinsamkeit ist jener ›bewunderungswürdige Bestandteil‹, der Menschen in die Lage versetzt, einander an ihrem Leben Anteil haben zu lassen. Diese Anteilhabe ist die Verwirklichung unseres Menschseins.

Nummer 3: Die Heiligkeit des Individuums zu ehren, zwingt den Berater, den Patienten sagen zu lassen, was er empfindet. In dieser Situation muß der Pfarrer ›den Patienten er selbst sein lassen‹. Diese einfache Regel bedeutet nicht, allen Anforderungen des Patienten zu entsprechen und zum Spielball aller seiner Wünsche zu werden. Ist der Berater ehrlich, wird er seine Vorurteile deutlich sehen und sie akzeptieren als Bestandteil seiner Persönlichkeit und sich nicht für sie entschuldigen oder sie zu verbergen suchen. Die Annahme, daß ›ich weiß, was für den Patienten das Beste ist‹, ist falsch. Der Patient weiß das am besten.

Nummer 4: Ich muß mich ständig fragen: Welche Erwartungen wecke ich bei dem Patienten und mir selbst? Kann ich einsehen, daß ich weder das Leben dieser Person zu retten noch sie in einer unerträglichen Situation glücklich zu machen vermag, dann glaube ich, daß ich mich genau wie ein Mensch verhalte und getrost aufhören kann, beides zu versuchen. Wenn ich meine eigenen Gefühle der Frustration, des Zorns und der Enttäuschung zu verstehen lerne, dann kann ich diese Gefühle in konstruktiver Weise benutzen. Gerade in dieser Einsicht liegt menschliche Weisheit.

Nummer 5: Meine fünfte und letzte Regel, die Regel, die alle vier umfaßt, ist ausgedrückt in dem Gebet der anonymen Alkoholiker: Gott gebe mir die innere Heiterkeit, jene Dinge, die ich nicht ändern kann, zu akzeptieren, er gebe mir den Mut, die Dinge zu verändern, die ich verändern kann, und die Weisheit, eines vom anderen zu unterscheiden.«

Worauf wir alle während der ersten schwierigen und einsamen Jahre unserer Tod-und-Sterben-Seminare gehofft haben, ist vielleicht am besten in diesem Gebet zusammengefaßt. Studenten kamen aus zahlreichen Studienrichtungen: Medizin, Kinderpflege, Sozialarbeit, Soziologie und Philosophie, Theologie und Psychologie. Ich bin sicher, jeder kam aus anderen Gründen. Einige fühlten sich tatsächlich unwohl bei ihrer Arbeit mit sterbenden Patienten und suchten ihre eigenen Frustrationen und Beklemmungen zu verstehen. Andere wußten, daß es keine Examen gab, und kamen aus reiner Neugier; wieder andere kamen und »wußten nicht warum«, aber offensichtlich mit irgendeinem ungelösten Kummer oder einer Todeserfahrung in ihrem eigenen Leben. Die Studenten stellten niemals ein Problem dar. Sie füllten den Veranstaltungsraum lange vor Beginn und setzten oft ihre Diskussion der Interviews fort, wenn ich schon längst den Raum verlassen hatte.

Auch die Patienten, die man gebeten hatte, teilzunehmen, stellten kein Problem dar. Sie waren oft sehr dankbar dafür, »nützlich« sein zu können, dankbar für das Gefühl, daß jemand *sie* benötigte und nicht umgekehrt. Wenn ich anfing zu reden, überwanden sie sehr schnell ihre anfängliche Scheu und ließen uns recht bald Anteil haben an der unvorstellbaren Einsamkeit, die sie empfanden. Fremde Menschen, die wir niemals zuvor getroffen

hatten, teilten uns ihren Kummer, ihre Isolierung und ihre Unfähigkeit mit, mit ihren nächsten Verwandten über ihre Krankheit
und den Tod zu reden. Sie drückten ihren Ärger über die Ärzte
aus, die sich nicht auf eine Ebene mit ihnen stellten, über die
Pfarrer, die sie mit der nur allzu oft wiederholten Phrase »es ist
Gottes Wille« zu trösten suchten, und über ihre Freunde und Verwandten, die sie mit dem unvermeidlichen »nimm's nicht so
schwer, so schlimm ist es doch gar nicht« besuchten. Wir lernten
rasch, uns mit ihnen zu identifizieren, und wir entwickelten eine
größere Sensibilität für ihre Bedürfnisse und Befürchtungen als
jemals zuvor. Sie lehrten uns eine Menge über das Leben und
das Sterben, und sie freuten sich darüber, daß wir sie baten,
unsere Lehrer zu sein.

Unser Hauptproblem waren die Ärzte. Anfangs ignorierten sie
das Seminar. Später verweigerten sie uns die Erlaubnis, ihre
Patienten zu befragen. Oft wurden sie ängstlich und feindselig,
wenn wir uns an sie wandten. Viele Kollegen antworteten mir
höchst empört: »Sie können doch diesen Patienten nicht inter-
viewen. Er stirbt nicht. Er könnte sogar in die Lage kommen,
noch einmal nach Hause zu gehen.« Es lag auf der Hand, daß sie
den Kern des Seminars gar nicht verstanden hatten. Wir hatten
gar nicht den Wunsch, mit sterbenden Patienten während des
letzten Tages ihres Lebens zu sprechen. Wie hätten wir denn im
allerletzten Moment Familien wieder zusammenbringen können?
Wie hätten wir die Einsamkeit und die Furcht unserer Patienten
erleichtern können, wenn es uns nicht gestattet gewesen wäre, sie
schon vor ihrem akuten Sterben zu besuchen? Wie hätten wir
unsere Studenten darüber belehren können, was ein Patient mit-
macht, wenn wir ihn nur in seinen wenigen letzten Tagen gesehen
hätten? Wir konnten unseren Kollegen nicht verständlich machen,
daß wir alle sterben – daß wir alle unsere Begrenztheit ins Auge
fassen müssen, lange bevor wir tödlich krank sind. Das ist vielleicht die weitreichendste Lektion, die wir von unseren Patienten
lernten: Lebe so, daß du nicht zurücksehen und sagen mußt:
»Gott, wie habe ich mein Leben vertan!«

Frau M. war 71 Jahre alt. Einer ihrer wiederkehrenden Sätze
war: »Könnte ich doch mein Leben noch einmal leben und dabei
wissen, was ich jetzt weiß, dann würde ich es ganz anders anfangen.« Als sie näher auf das Thema einging, wurde deutlich,
daß es ihr so vorkam, als sei ihr ganzes Leben zum größten Teil
vertan. Ihr Leben war erfüllt gewesen von Bedrängnissen auf-

grund ihrer Fehlschläge in der Ehe, verschiedener beruflicher Veränderungen und vieler Umzüge. Im Rückblick auf ihr Leben sah sie sich jetzt im Hospital entwurzelt, ohne Freunde und sinnvolle Beziehungen, die ihr etwas bedeuteten, und ihre Furcht wurde vergrößert durch das Bewußtsein ihrer begrenzten Lebenserwartung. Mitten in diese Leere und diese Sorge kam die Einladung in unser Seminar. Jemand brauchte sie. Wir baten sie, uns zu sagen, was sie verändern würde, wenn sie noch einmal die Möglichkeit dazu hätte. Wir wurden in ihr Leben hineingezogen, und sie begann, uns zu vertrauen. Wir wurden Freunde. Wir fingen an, uns auf die Besuche bei ihr zu freuen. Und wir verließen sie bereichert und in dem Bewußtsein, daß wir heute leben sollten und nicht erst morgen oder übermorgen, damit wir nicht alleine stürben. Glücklicherweise hatte sie einen Arzt, der uns vertraute und uns erlaubte, sie vor ihrem allerletzten Tag zu besuchen.

Eine wirkliche Veränderung trat ein, als unser Seminar »berühmt« wurde. Mehrere Jahre hindurch hatte ich meine Tod-und-Sterben-Seminare nahezu unbemerkt gehalten; sie standen auf keinem Studienplan, wurden aber dennoch von Studenten stark besucht. Nachdem daraus jedoch ein offizieller Kurs geworden war, der von der Presseabteilung der Universität bekanntgemacht wurde, erregte das die Neugier der Magazine wie »Time« und »Life«, und deren Redakteure besuchten meinen Veranstaltungsraum. Damals konnte ich noch nicht wissen, daß der Artikel in »Life« Tausende von Leben verändern sollte, darunter auch mein eigenes.

Es war an einem kalten und regnerischen Herbsttag, als ich Susanne interviewte, ein hübsches Mädchen, 21 Jahre alt, die in unserem Krankenhaus mit akuter Leukämie lag. Sie sprach offen über ihren Wunsch, kein Begräbnis zu haben und ihren Körper einem medizinischen Institut zu vermachen. Sie sprach über ihren Verlobten, der sie offenbar im Stich gelassen hatte, als sich die Diagnose bestätigt hatte. (Obgleich sie diese Tatsache immer noch verleugnete.) Und sie erwähnte auch, ihr sei bewußt, daß ihre Tage gezählt waren.

Tief beeindruckt von ihrer Offenheit und Furchtlosigkeit lud ich sie ein, an meinem Seminar teilzunehmen, so daß meine Studenten sie hören und von ihr lernen konnten. Als wir den Raum, in dem der Kurs stattfand, betraten, eröffnete sie das Gespräch mit der Feststellung: »Ich weiß, meine Chancen sind eins zu einer Million. Heute möchte ich nur über diese eine Chance reden.« Überflüssig zu sagen: Wir wechselten das Thema des Seminars an diesem Tag und sprachen »über das Leben«. Wir fragten sie einfach, wie es denn sein würde, wenn sie leben könnte. Sie ließ uns Anteil nehmen an ihren Hoffnungen, noch im Juni ihren Schulabschluß erreichen und im Juli heiraten zu können. Ihr »Einsatz bei dem Handel« war, daß sie fünf Jahre warten wollte, bevor sie Kinder bekam, damit sie sicher sein konnte, daß sie deren Heranwachsen erleben würde. Zufällig bemerkte ich, daß die Leute vom »Life«-Magazin hinter dem Beobachtungsschirm waren und ihr erstes und einziges Tod-und-Sterben-Seminar beobachteten. Aber ich hatte keine Zeit, mich um sie zu kümmern. Ich war zu sehr mit Susanne beschäftigt, die die Stärke zu haben schien, ihre eigene begrenzte Lebensspanne fest ins Auge zu fassen, und die zugleich in der Lage war, »in einer vorübergehenden Verleugnung zu leben« und von all den Dingen zu träumen, die ihrem Leben Sinn gegeben hätten. Überflüssig zu sagen: Wir nahmen einfach an ihren Träumen Anteil.

Nach der ungeheuren Publizität, die wir durch »Life« erhielten, war mein eigenes Leben nie wieder dasselbe. Meine erste Reaktion war die Sorge um Susanne. Ich hatte keine Vorstellung davon, was sie empfinden würde, wenn sie Seiten über Seiten mit ihren Bildern in einem international bekannten Magazin sehen würde, ein wahrhaftiges Zeugnis ihres Mutes und ihrer inneren Größe. Die ersten Exemplare des Magazins wurden während der Nacht an mich geliefert. Ich mußte bei ihr sein, bevor das Magazin am Zeitschriftenstand des Krankenhauses auslag. In den frühesten Morgenstunden brach ich zum Krankenhaus auf und sah voller Angst ihrer Reaktion entgegen. Sie blickte flüchtig auf ihr Bild und rief aus: »Lieber Himmel, das ist aber kein gutes Bild von mir!« Wie gesund und normal war sie in all diesem Trubel! Ihre plötzliche Bekanntheit machte wenig Eindruck auf sie. Sie konzentrierte sich einfach auf die Hoffnung, noch einmal nach Hause zu kommen und – wie sie sagte – »jeden Augenblick voll zu genießen«. Sie verließ das Krankenhaus noch einmal. Sie bekam ihren geliebten kleinen Hund, und sie erlebte jede Minute voll. Ich glaube, Susanne lebte in den wenigen letzten Monaten ihres Lebens mehr als die 71 Jahre alte Frau in sieben Jahrzehnten. Aber Susanne tat noch mehr, dessen sie sich kaum bewußt war: Dadurch, daß sie uns hatte Anteil nehmen lassen, durch den Artikel in »Life«, berührte sie Tausende von Leben in der ganzen Welt. Briefe überfluteten mein Haus aus jeder Ecke der Welt – Briefe des Glaubens, der Liebe, der Anteilnahme, der Hoffnung und der Ermutigung; ein Brief von einem Mann auf dem Weg in den Tod, ein gekritzeltes Stück Papier von einem sehr alten Mann, der seit Jahren keinen Brief mehr geschrieben hatte, Hunderte von Briefen von sterbenden Kindern, Teenagern und Erwachsenen, die Mut aus ihrem Mut gewannen und sie liebten, ohne sie jemals persönlich gesehen zu haben.

Nach Susannes Tod am 1. Januar 1970 schien die Welt verändert. Ich bin nicht sicher, ob es ihr unpersönlicher einsamer Tod auf der Intensivstation war oder die seelische Verlassenheit ihrer Eltern im Wartezimmer in jener Nacht, die uns alle aufrührte. Ich faßte den Entschluß, über den Tod und das Sterben zu reden, damit wir einige der Einstellungen verändern könnten, die in dieser den Tod verleugnenden Gesellschaft vorherrschen.

Nach ihrem Tod war ich nicht länger mehr beleidigt, ja noch nicht einmal beeindruckt durch die negative und feindliche Einstellung der Ärzte. Ich begann, ihre Seite ebenso zu sehen wie die unsere. Ich begann einzusehen, daß unsere medizinischen Ausbildungsstätten sie nahezu ausschließlich in der Wissenschaft der Medizin vorbereiten und ihnen nur wenig Hilfe in der medizinischen Kunst geben. Ich machte beträchtliche Anstrengungen, an die Medizinstudenten heranzukommen, die bereit und willens waren, mehr über ihre Rolle in der Fürsorge für Patienten zu lernen, die jenseits medizinischer Hilfe sind. Bei jedem Interview begleiteten wir den Patienten zurück in sein Zimmer, oder wir setzten die Diskussion darüber, was wir gelernt hatten, unter uns fort. Plötzlich teilten Geistliche und Ärzte ihre eigenen Beklemmungen mit. Krankenschwestern sprachen zum erstenmal über ihre Frustrationen, darüber, daß ihre Freiheit, dem Patienten das zu sagen, was sie wußten, so begrenzt war. Sozialarbeiter und Beschäftigungstherapeuten diskutierten ihre Ängste und Bedrängnisse, und schließlich befanden wir uns in einem interdisziplinären Dialog, der um des Ärztestabes und der Patienten willen so notwendig ist.

Weiterhin erreichte uns Post. Einladungen kamen von überallher im Land, in Krankenhäusern, Seminaren, Schulen für Pflegepersonal und anderen Institutionen zu sprechen. Höhere Schulen folgten, und schon nach kurzer Zeit schien der Markt überflutet zu sein mit Büchern und Artikeln über die Bedürfnisse sterbender Patienten. Filme und Video-Aufzeichnungen wurden gemacht, und nahezu jedes theologische Seminar im Land nahm einige Aspekte des Dienstes an sterbenden Patienten in seinen Ausbildungsplan auf.

Es sind nun über 10 Jahre seit meiner ersten Vorlesung über den Tod und das Sterben vergangen. Während des letzten Jahres bin ich beinahe 400 000 Kilometer in den Vereinigten Staaten, in Kanada und Europa gereist. Selbst aus Ländern wie Korea haben mich Einladungen erreicht – meine eigenen persönlichen Bedürfnisse und die Bedürfnisse meiner Kinder und meiner Familie haben mich gehindert, sie anzunehmen. Mich haben mehr Briefe, als ich zählen kann, von sterbenden Patienten, von Hinterbliebenen und von Angehörigen der helfenden Berufe erreicht, Briefe mit zutiefst persönlichen Ausdrücken der Liebe und der Furcht, der Hoffnung und der Verzweiflung, des Verständnisses und des Bewußtseins, dem eigenen Tod gegenüberzustehen.

Bald werde ich meine Reisen beenden. Ich habe getan, was mir zu tun bestimmt war. Ich habe als Katalysator fungieren können und den Versuch gemacht, in unser Bewußtsein zu heben, daß wir nur dann wirklich leben und das Leben lieben und verstehen können, wenn uns jederzeit deutlich ist, daß wir endliche Wesen sind. Ich brauche nicht zu betonen, daß ich diese Lektionen von meinen sterbenden Patienten gelernt habe, die in ihrem Leiden und Sterben realisierten, daß wir nur das Jetzt haben: »So koste es ganz aus und finde heraus, was dich bewegt, denn kein anderer kann das für dich tun!«

Ich weiß nicht, was die Zukunft für mich bereithält, aber etwas weiß ich: Die Arbeit mit sterbenden Patienten ist nicht morbide und niederdrückend, sondern kann eine der beglückendsten Erfahrungen überhaupt sein, und ich habe das Gefühl, daß ich in den letzten Jahren intensiver gelebt habe als einige Menschen es in ihrem ganzen Leben tun.

Zu diesem Buch

Der Tod ist uns immer nahe und wird uns immer nahe bleiben. Er ist ein untrennbarer Bestandteil der menschlichen Existenz. Deswegen war und ist er immer Gegenstand tiefer Betroffenheit für uns alle. Seit der Morgendämmerung der Menschheit hat der menschliche Geist über den Tod nachgedacht und nach einer Antwort auf seine Geheimnisse gesucht. Denn der Schlüssel zur Frage nach dem Tod öffnet die Tür zum Leben.

In vergangenen Zeiten starben Menschen in einer den meisten von uns unfaßbar großen Zahl als unglückliche Opfer von Krieg und Seuchen. Das normale Leben war eine besondere Gabe des Schicksals, und Tod war ein gefürchteter und schreckenvoller Feind, der ohne Unterschied Reiche und Arme, Gute und Schlechte anfiel. Die Denker der Vergangenheit, fromme Menschen und Repräsentanten der Aufklärung schrieben Bücher über den Tod. Sie versuchten, ihn dadurch seiner Fremdheit und seines Schreckens zu entkleiden, daß sie ihn ernsthaft studierten. Sie versuchten, seinen Sinn im Leben der menschlichen Wesen zu finden. Und dadurch, daß sie den Sinn des Todes verdeutlichten, trugen sie gleichzeitig dazu bei, die Bedeutung des Lebens zu verstehen.

Gegenwärtig ist die Menschheit von Tod und Zerstörung wie niemals zuvor umgeben, und es wird zur wesentlichen Aufgabe, daß wir die Probleme des Todes studieren und versuchen, seine wirkliche Bedeutung zu begreifen.

Für jene, die sich um das Verständnis des Todes bemühen, stellt er eine in hohem Maße kreative Kraft dar. Die höchsten spirituellen Werte des Lebens können aus dem Bedenken und dem Studium des Todes entspringen.

Aus der Beschäftigung mit verschiedenen Religionen können wir erkennen, daß der Gedanke des Todes den Kern aller Glaubensbekenntnisse, Mythen und Mysterien darstellt. Der Beitrag über »Die jüdische Auffassung des Todes« und der mit dem Titel »Der Tod, der dem Tod ein Ende macht« (im Hinduismus und Buddhismus) zeigen, wie verschiedene Anschauungen des Todes das Leben jener beeinflussen, die diese Anschauungen teilen. Die durchgehenden Fragen, die Menschen in ihren Mythen und Religionen zu klären suchen, sind jene, die sich auf Wiedergeburt, Auferstehung und das Leben nach dem Tode erstrecken: Gibt es ein anderes Leben nach diesem Leben? Und wenn es eines gibt, welche Beziehung besteht zwischen diesem anderen Leben und der Weise, in der man hier sein Leben lebt? Das ist nicht nur eine Frage nach Gut oder Böse, Himmel oder Hölle, wie sich aus dem Beitrag über den Hinduismus und Buddhismus ergibt. Das ist auch eine Frage nach der Reife und nach dem Grad der Klarheit, der in diesem Leben erreicht wird.

Von den indischen Vedas vor 3000 Jahren bis zu den Aussagen unserer zeitgenössischen Denker ist es das Ziel aller Philosophen gewesen, den Sinn des Todes zu deuten und damit den Menschen zu helfen, ihre Furcht zu überwinden. Sokrates, Platon und Montaigne haben gelehrt, daß Philosophieren nichts anderes heißt als das Problem des Todes zu studieren. Und Schopenhauer nannte den Tod »den eigentlichen inspirierenden Genius . . . der Philosophie«.

Thomas Mann sagte einmal: »Ohne den Tod hätte es wohl kaum Dichter auf der Erde gegeben.« Jeder, der sich mit der Dichtung aus allen Jahrhunderten beschäftigt, kann das bestätigen. Das erste Epos, der babylonische Gilgamesch, und das erste bekannte lyrische Gedicht der Weltliteratur, ein Gedicht der Sappho, handeln in der Hauptsache vom Tod. Seither hat es keinen großen Dichter gegeben, der nicht einige seiner schönsten Verse dem Tod gewidmet hat. Ein jeder von ihnen berührte das tiefste Geheimnis des Lebens, indem er über den Tod sprach.

»In mir gibt es keinen Gedanken, den nicht der Tod mit seinem Meißel geformt hat«, sagte Michelangelo. Von den ägyptischen, etruskischen und attischen Anfängen der Kunst bis zum modernen Surrealismus hat der Tod eine wichtige Rolle gespielt.

Und wie in der Philosophie, der Literatur und der Kunst, war der Tod auch der große Inspirator der Musik. Die ersten Lieder waren Begräbnisgesänge, und die große Musik eines Bach,

Gluck, Mozart, Beethoven, Schubert, Liszt, Verdi, Mahler, Mussorgsky und der modernen Komponisten hat häufig den Tod als Leitmotiv.

Doch der Tod hat auch die ethische Haltung der Menschen stark beeinflußt. Tod war der große Lehrmeister jener edlen Charaktere in der Geschichte, die wir als Heroen, Heilige oder Märtyrer der Wissenschaft verehren.

Ich hoffe, meinen Lesern eine wichtige Botschaft vermitteln zu können: nämlich daß der Tod nicht eine katastrophale, destruktive Angelegenheit sein muß. Vielmehr kann man ihn als einen der konstruktivsten, positivsten und kreativsten Bestandteile der Kultur und des Lebens ansehen.

Dieses Buch unternimmt den Versuch, den Leser mit einigen anderen Aspekten des Todes und des Sterbens vertraut zu machen, mit den Anschauungsweisen anderer Völker, anderer Kulturen, anderer Religionen und Philosophien. Ich hoffe, daß auf allen diesen Seiten eines deutlich wird: nämlich daß alle Menschen im wesentlichen gleich sind. Sie alle erfahren dieselbe Angst und denselben Kummer, wenn der Tod eintritt. Wir sind endliche kleine Wesen, die einander helfen könnten, wenn wir nur zu zeigen wagten, daß wir Anteil nehmen, wenn wir etwas Mitleid bewahren und nicht zuletzt wenn wir damit aufhören würden, die Haltung von Richtern einzunehmen, und versuchen würden zu verstehen, warum Menschen sich in der Krise so verhalten, wie sie es tun. Dafür brauchen wir nicht nur ein fundiertes Verständnis des allgemeinen Verhaltens, sondern auch des kulturellen und religiösen Hintergrunds des Individuums.

In den Jahrzehnten, die vor uns liegen, können wir vielleicht ein Universum erleben, eine Menschheit und eine Religion, die uns alle in einer friedlichen Welt vereinen. Es ist die Aufgabe eines jeden von uns, die Grundlagen für diese zukünftige Generation zu legen, indem wir jetzt den Versuch unternehmen, unsere Mitmenschen zu verstehen und um sie besorgt zu sein, gleichgültig welches ihr Bekenntnis, ihre Hautfarbe oder ihre Philosophie ist. Durch die Einsicht, daß letzten Endes wir alle dasselbe Schicksal teilen – daß ebenso sicher, wie wir leben, wir auch sterben werden –, kann uns klar werden, daß wir auch im Leben eine Einheit darstellen müssen, in dem Bewußtsein und der Anerkenntnis unserer Unterschiede und dennoch akzeptierend, daß im Hinblick auf unser Menschsein wir alle gleich sind.

Elisabeth Kübler-Ross

2. Kapitel
Warum ist Sterben so schwer?

Sterben gehört untrennbar zum Leben und ist ebenso natürlich und vorhersagbar wie das Geborenwerden. Aber während
die Geburt ein Anlaß zur Feier ist, ist der Tod zu einem schrecken-
vollen und unaussprechbaren Problem geworden, das in unserer
modernen Gesellschaft auf alle nur denkbaren Weisen verleugnet
wird. Vielleicht liegt es daran, daß der Tod uns an unsere menschliche Verletzlichkeit trotz aller unserer technologischen Fortschritte
erinnert. Wir können diese Frage aufschieben, aber wir können
ihr nicht entgehen. Wir, nicht weniger als die nicht mit Vernunft
begabten Wesen, sind dazu bestimmt, am Ende unseres Lebens zu
sterben. Und der Tod schlägt ohne Unterschied zu – er kümmert
sich nicht um den Status oder die Position derer, die er befällt.
Ein jeder muß sterben, ob reich oder arm, berühmt oder unbekannt. Selbst gute Taten befreien nicht vom Urteilsspruch des
Todes. Die Guten sterben ebenso wie die Schlechten. Vielleicht
ist es diese unausweichliche und unbestimmbare Qualität, die
den Tod für viele Menschen so schrecklich macht. Besonders
diejenigen, die großen Wert darauf legen, daß sie ihre eigene
Existenz unter Kontrolle haben, werden von dem Gedanken
verstört, daß auch sie den Gewalten des Todes unterworfen sind.

Aber andere Gesellschaften haben gelernt, besser mit der
Realität des Todes fertig zu werden, als wir es offensichtlich getan
haben. Es ist unwahrscheinlich, daß irgendeine Gruppe jemals
das Eindringen des Todes ins Leben begrüßt hat, aber es gibt
andere, die mit Erfolg die Erwartung des Todes in ihr Verständnis
des Lebens integriert haben. Warum ist es für uns so schwer, das
zu tun? Die Antwort mag in der Frage liegen. Es ist schwierig, den
Tod in dieser Gesellschaft zu akzeptieren, weil wir mit ihm so
wenig vertraut sind. Trotz der Tatsache, daß er jederzeit eintreten
kann, sehen wir ihn niemals. Wenn jemand in einem Hospital
stirbt, wird er schnell weggebracht – ein magischer Akt des
Verschwindens beseitigt den anschaulichen Beweis, bevor er
jemanden in Unruhe versetzen kann. Aber, wie man im weiteren
in den Texten aus verschiedenen Zusammenhängen lesen kann,
Anteil zu haben am Prozeß des Sterbens, des Todes und des
Begräbnisses, ebenso wie den toten Körper zu sehen und
vielleicht in eine Interaktion mit ihm zu treten, ist wichtig, um mit
dem Tod ins reine zu kommen, mit dem Tod der Person, die
gestorben ist, und mit dem eigenen. In der Regel halten wir
Kinder vom Tod und vom Sterben fern in der Meinung, wir
schützten sie vor Schmerz. Aber es ist klar, daß wir ihnen einen

schlechten Dienst erweisen, indem wir sie der Erfahrung berauben. Indem wir den Tod und das Sterben tabuisieren und indem wir Kinder fern von Menschen halten, die sterben oder gestorben sind, schaffen wir eine Furcht, die es nicht zu geben braucht. Wenn jemand stirbt, »helfen« wir jenen, die ihm nahestehen, indem wir etwas für sie tun, fröhlich sind und den Körper des Toten so herrichten, daß er »natürlich« aussieht. Wieder ist unsere »Hilfe« nicht hilfreich; sie ist zerstörerisch. Wenn jemand stirbt, ist es wichtig, daß jene, die ihm nahestehen, an dem Vorgang Anteil nehmen; das tröstet sie in ihrem Leid und wird ihnen helfen, ihrem eigenen Tod leichter ins Gesicht zu sehen.

Sterben ist in der Tat schwer und wird es immer sein, auch wenn wir gelernt haben, den Tod als untrennbaren Bestandteil unseres Lebens anzuerkennen, weil Sterben bedeutet, das Leben auf dieser Erde aufzugeben. Aber wenn wir es lernen können, den Tod aus einer anderen Perspektive zu sehen, ihn wieder in unser Leben einzuführen, so daß er nicht als schreckensvoller Fremdling zu uns kommt, sondern als ein erwarteter Gefährte, dann können wir auch lernen, unser Leben sinnvoll zu leben – mit voller Zustimmung zu unserer Endlichkeit, zu den Grenzen, die unserer Zeit hier gesetzt sind. Ich hoffe, daß dieses Buch dazu beiträgt, Tod und Sterben besser zu verstehen; daß es dem Sterben etwas von seiner Härte nimmt und das Leben ein wenig einfacher macht.

Die meisten Menschen unserer Gesellschaft sterben in einem Krankenhaus. Dies allein schon ist einer der Hauptgründe, warum Sterben so schwer ist. Der erste Beitrag dieses Kapitels untersucht aus soziologischer Sicht das Krankenhaus als eine entpersonalisierende Institution, die per Definition nicht in der Lage ist, den humanen Bedürfnissen der Menschen zu entsprechen, deren physiologischer Zustand die Möglichkeit des Krankenhauses, erfolgreich einzuschreiten, überschritten hat. Diese Patienten repräsentieren das Versagen der Institution Krankenhaus in seiner lebenserhaltenden Rolle, und es gibt nichts in dem System, was für humane seelische Betreuung sorgt, wenn der Körper irreparabel ist. Der zweite Beitrag ist das bewegende Zeugnis einer jungen Lehrschwester, die stirbt. Sie hat ihre Zeit im Krankenhaus als Praktikantin und nun als Patientin verbracht und wendet sich an jene, die den Kranken und Sterbenden pflegen, damit sie ihre professionellen Rollenverständnisse hinter sich lassen und denen, die sie brauchen, menschlich begegnen.

Hans O. Mauksch
Der organisatorische Kontext des Sterbens

In unserer modernen technologischen Gesellschaft stirbt man in einem Krankenhaus. Aber Krankenhäuser sind funktionelle, unpersönliche Institutionen, in denen es sehr schwierig ist, mit Würde zu leben – in denen es keine Zeit und keinen Platz in der Routine gibt, sich mit den menschlichen Bedürfnissen der Kranken zu beschäftigen. In dem folgenden Beitrag erläutert Dr. Mauksch, woran es liegt, daß Krankenhäuser per Definition selten die besonderen Bedürfnisse sterbender Menschen befriedigen können. Krankenhäuser sind Einrichtungen, die dem Heilungsprozeß gewidmet sind, und sterbende Patienten sind eine Bedrohung dieser so definierten Aufgabe. Die Berufstätigen in Krankenhäusern haben spezifische Erwartungen und Routinen, nach denen sie sich verhalten; die aber passen nicht auf sterbende Patienten, und darin liegt eine Bedrohung des professionellen Rollenverständnisses, die ein Gefühl der Unangemessenheit hervorruft; es kollidiert mit ihrer definierten Rolle als Menschen, die erfolgreich mit Krankheiten umgehen können. Im vorgeschriebenen Rollenverständnis der im Krankenhaus Tätigen gibt es keinen Platz, sich als menschliche Wesen in bezug auf die sterbenden Patienten zu verhalten. Die Geschichte und die Ursachen für die Arten von Zwängen, die in der Krankenhausorganisation bestehen, werden von Dr. Mauksch untersucht, und er behauptet, daß dies nicht so sein muß. Ich denke, der Leser wird diese Perspektive des Krankenhausbereiches als äußerst wertvoll ansehen (für alle Menschen, ob sie im Sterben liegen oder nicht).

Die überwiegende Anzahl an Todesfällen ereignet sich gegenwärtig in einem Krankenhaus, jener Institution, die von der Gesellschaft geschaffen worden ist, um Dienstleistungen für die Heilung bereitzustellen. Um historisch korrekt zu sein: Es gab wirklich in den frühen Phasen der Entwicklung dieser Institution eine Zeit, in der das Krankenhaus tatsächlich eine Einrichtung für Menschen war, die entweder arm und bedürftig waren oder die starben. Die Wissenschaft und die Technologie der Medizin und der anderen Berufe, die der Gesundheit dienen, haben ein dramatisches Wachstum und eine Entwicklung erfahren, die den Gesundheitsbereich im 20. Jahrhundert charakterisieren. Damit hat sich die ganze Tendenz, die Aura und Kultur und die gesellschaftliche Organisation des Krankenhauses verändert von einer Institution, die der Wohltätigkeit und jenen, die starben, gewidmet war, zu einer Institution, die grundsätzlich der Heilung, der Krankheitsbekämpfung, der Wiederherstellung und dem Erholungsprozeß dient.

In einer differenzierten Gemeinschaft wie unserer modernen hochkomplexen Gesellschaft neigen wir dazu, die Inhaber sozialer Rollen und Institutionen mit Mandaten auszustatten, die ihre Absicht, ihre Funktion und ihre Werte bestimmen. Die gegenwärtigen Rollen der Heilberufe sind durch ihre eigenen Errungenschaften und durch das Wachstum gesellschaftlicher Erwartungen entstanden. In der heute üblichen technologischen Akzentuierung der Erfolgsgeschichte des Heilens wird der Patient, dessen Krankheit unheilbar ist, das menschliche Wesen, das stirbt, unvermeidlich angesehen als ein Fehlschlag der Heilberufe – ein Versagen angesichts des Mandates, das diesen Berufen und diesen Institutionen übertragen ist. Der organisatorische Kontext des Sterbens im Krankenhaus muß verstanden werden als institutionelle Reaktion auf ein Ereignis, das heute als Fehlschlag angesehen wird, obgleich es auch an die Grenzen medizinischen Wissens und medizinischer Fähigkeit erinnert.

Eine zweite, subtilere Dimension des organisatorischen Kontexts des Sterbens liegt in der unterschiedlichen Einstellung, die die Bedürfnisse eines sterbenden Patienten erfordern, verglichen mit den Bedürfnissen eines Patienten, dessen Krankheit geheilt wird. Als Sozialwissenschaftler in einem medizinischen Zusammenhang versuche ich die Ärzte und die Angehörigen anderer Heilberufe daran zu erinnern, daß der Mensch, der zufällig erkrankt, tatsächlich ein untrennbarer Bestandteil des Krankheitsprozesses ist und daß seine oder ihre Beiträge zum gemeinsamen Handeln entscheidend für die Behandlung, die Pflege und das zukünftige Leben des Patienten sind. Im Fall des sterbenden Patienten ist die gegenwärtige Kultur des Krankenhauses, die den Krankheitsprozeß und das von der Krankheit befallene Organ betont, kontra-produktiv zu den Bedürfnissen des Sterbenden. Sterben ist eine totale Erfahrung, und zum Zeitpunkt des Sterbens hört das von der Krankheit befallene Organ auf, das Hauptproblem zu sein.

Es gibt noch eine dritte Dimension des Klimas, in dem das Sterben stattfindet. In seinem Buch: »Passing On: The Social Organization of Dying« behauptet David Sudnow, daß Ärzte und Krankenschwestern in ihrem Verhalten und ihren Einstellungen ein Gefühl des Unbehagens und der Schuld offenbaren, wenn sie mit Menschen konfrontiert sind, die ihrer Pflege anvertraut sind und trotz aller Bemühungen ihr Leben beenden. Diejenigen unter uns, die der Wiederherstellung, dem Heilen und der Pflege verpflichtet sind, können nicht umhin, im Kontext der Krankenhauskultur ein Gefühl des Versagens zu haben, wenn einer unserer Patienten stirbt. Es gibt verschiedene Weisen, in denen dieses Gefühl der Schuld, dieses Gefühl des Versagens verstanden werden kann. Dieses Gefühl motiviert zur Suche, ob auch alles getan worden ist, ob es andere Arten der Unterstützung gibt, die hätten herangezogen werden können, ob alle diagnostischen und therapeutischen Maßnahmen angewandt worden sind.

Noch auf eine andere Weise kann dieses besondere Problem betrachtet werden. Es gibt eine Mischung aus Realität und Mythos in dem Glauben an das beständige Wachstum und die Ausdehnung medizinischen Wissens. Ich habe eine Anzahl von Ärzten interviewt, die angesichts des Todes eines Patienten die Frage erhoben haben: »Gibt es irgendwo jemanden anderes, der neue Kenntnisse besitzt, die hier entscheidend gewesen wären?« Der Grad, in welchem jeder Arzt sich verantwortlich fühlt für den gesamten Stand des gegenwärtigen medizinischen Wissens, variiert offensichtlich von Arzt zu Arzt und von Krankenhaus zu Krankenhaus, aber er ist eine wichtige potentielle Ursache für das Unbehagen des Arztes und für mögliche Blockierungen in der Beziehung zwischen Arzt und Patient.

Und es gibt noch eine dritte lauernde Möglichkeit, daß nämlich ich, der Arzt, oder ich, die Krankenschwester, einen Fehler gemacht oder einen Irrtum begangen haben könnte, der zum

Tod des Patienten beigetragen hat. Irgendwo in der Krankenhaus-kultur lauert die ehrfurchtgebietende Erwartung, daß zwar alle anderen Menschen Fehler machen und Irrtümer begehen dürfen, Ärzte und Krankenschwestern aber nicht. Tatsächlich aber legen die Fakten die Vermutung nahe, daß diese Fülle möglicher Fehler in Wirklichkeit nur selten eintritt. Eine Anzahl von Untersuchungen haben gezeigt, daß nur relativ wenige Irrtümer sich ereignen, auch wenn sie dramatisch zu sein pflegen, wenn sie eintreten. Wenn Fehler vorkommen, machen sie gewöhnlich die Runde als Krankenhausklatsch und geraten manchmal sogar in die nationale Presse. In einer Studie, die ich durchgeführt habe, fand ich heraus, daß unter 240 sogenannten »Berichten über Zwischenfälle« in einem 800-Betten-Krankenhaus während einer Zeit von drei Monaten nur zwei dieser sogenannten Zwischenfälle Situationen betrafen, in denen Patienten physisch geschädigt und durch den begangenen Fehler in akute Gefahr gebracht worden waren.

Um die Art und Weise einzuschätzen, in der der sterbende Patient in das totale System des Krankenhauses eingepaßt ist, müssen wir erkennen, daß das Krankenhaus eine Institution darstellt, die auf manchmal mißverstandene und manchmal miß-brauchte Weise die Notwendigkeiten seiner Klienten und ihrer unterschiedlichen individuellen Bedürfnisse in eine Routine bringen muß. Zugleich ist das Krankenhaus ein Ort, der ein Netzwerk verschiedener Berufe beheimatet, die im Idealfall komplementär zueinander sind, aber doch in der Regel nur unzureichende Kommunikationen haben und isoliert zu sein pflegen, wenn sie kommunizieren sollten. Mitten darin repräsentiert der sterbende Patient eine Serie menschlicher Ereignisse, in denen die Bedürfnisse des Klienten nicht mehr in Routineverhalten und Rituale übersetzt werden können. In diesem fundamentalen Sinn bedroht der sterbende Patient das Krankenhaus und sein Personal. Die routinierten Ordnungen, die vorhersagbaren Aktivitäten hören auf, sinnvoll zu sein, wenn sie auf den sterbenden Patienten angewandt werden; sie sind nicht mehr effektiv und hören vor allen Dingen auf, sowohl den ausführenden Personen als auch den empfangenden Patienten Befriedigung zu bringen. Es ist interessant, festzustellen, daß das Krankenhaus und seine Kultur den Tod in gewisser Weise als eines seiner eigenen Tabus ansieht. In einem Krankenhaus sterben Patienten nicht, sie verscheiden. Patienten sterben nicht im Operationssaal, sie sind vielmehr »unter dem Messer weggeblieben«. Die Sprache des Krankenhauses läßt die Vermutung zu, daß Verweigerung, das erste der Stadien, die Dr. Elisabeth Kübler-Ross beschrieben hat*, auch der erste und ständig verteidigte Standpunkt der Institution und ihres Per-

---

* Die fünf Stadien, auf die hier Bezug genommen wird, sind die »Stadien des Sterbens«, die Dr. Kübler-Ross in ihrem Buch: »Interviews mit Sterbenden« formuliert und detailliert beschrieben hat. Sie können etwa folgendermaßen kurz zusammengefaßt werden:

1. Verweigerung: »Nein, ich nicht.« Das ist eine typische Reaktion, wenn der Patient erfährt, daß er oder sie tödlich krank ist. Verweigerung, so sagt Dr. Kübler-Ross, ist wichtig und notwendig. Dieses Stadium trägt dazu bei, für das Bewußtsein des Patienten die Erkenntnis zu lindern, daß der Tod unvermeidlich ist.

2. Zorn und Ärger: »Warum ich?« Die Tatsache, daß andere gesund und am Leben bleiben, während er oder sie sterben muß, stößt den Patienten ab. Gott ist ein besonderes Ziel für diesen Zorn, da er als derjenige angesehen wird, der nach Gutdünken das Todesurteil verhängt. Als Antwort für jene, die über die Behauptung schockiert sind, daß solcher Zorn nicht nur erlaubt, sondern unvermeidlich sei, sagt Dr. Kübler-Ross bündig: »Gott kann das aushalten.«

3. Verhandeln: »Ja, ich, aber . . .« Die Patienten akzeptieren die Tatsache des Todes, aber versuchen, über mehr Zeit zu verhandeln. Meistens verhandeln sie mit Gott – »sogar jene Menschen, die niemals zuvor mit Gott gesprochen haben«. Sie versprechen, gut zu sein oder im Tausch für noch eine Woche oder einen Monat oder ein Jahr des Lebens etwas zu tun. Dr. Kübler-Ross bemerkt: »Was sie versprechen, ist total irrelevant, weil sie ihre Versprechen ohnehin nicht halten.«

4. Depression: »Ja, ich.« Anfangs trauert die Person um zurückliegende Verluste, Dinge, die sie nicht getan hat, Fehler, die sie begangen hat. Aber dann tritt er oder sie in ein Stadium der »vorbereitenden Trauer« ein und bereitet sich auf die Ankunft des Todes vor. Der Patient wird in der Stille reifer und möchte keine Besucher. »Wenn ein sterbender Patient niemand mehr sehen möchte«, so sagt Dr. Kübler-Ross, »dann ist das ein Zeichen dafür, daß er seine nichtbeendete Beziehung zu dir beendet hat, und das ist ein Segen. Er kann nun in Frieden die Dinge gehen lassen.«

5. Hinnahme: »Meine Zeit wird nun sehr kurz, und das ist in Ordnung so.« Die Autorin beschreibt dieses endgültige Stadium als »nicht ein glückliches Stadium, aber auch kein unglückliches. Es ist ohne Gefühle, aber es ist keine Resignation, es ist vielmehr ein Sieg.«
Diese Stadien bieten einen sehr nützlichen Wegweiser, um die verschiedenen Phasen, die ein sterbender Patient durchlaufen kann, zu verstehen. Sie sind nicht absolut; nicht jeder geht durch jedes Stadium in dieser exakten Folge und mit vorhersehbarer Geschwindigkeit. Aber dies Paradigma kann, wenn es in einer flexiblen und Einsicht hervorbringenden Weise benutzt wird, ein wertvolles Werkzeug beim Verständnis dessen sein, warum ein Patient sich so verhält, wie er es tut.

sonals ist. Das Krankenhaus und sein Personal neigt dazu, den Patienten dafür zu belohnen, daß er die Verweigerungsphase aufrechterhält, weil das das Krankenhauspersonal davor schützt, in den Vorgang hineingezogen zu werden und sich den eigenen Gefühlen zu stellen. Es schützt sie auch davor, miteinander, mit dem Patienten oder mit der Familie des Patienten in kommunikative Verbindung treten zu müssen.

Diese Art der Einschätzung drückte eine Oberschwester aus, die ich interviewte, kurz nachdem eine Patientin auf ihrer Station Selbstmord begangen hatte. Diese Oberschwester sagte mit starker Gefühlsbeteiligung: »Wissen Sie, Frau X war eine so kooperative Patientin. Wir mochten sie alle sehr gern.« Sie dachte einen Moment nach, schwieg, und ihr traten Tränen in die Augen; dann wandte sich diese Schwester wieder zu mir und sagte: »Wissen Sie, wie kooperativ sie tatsächlich war? Sie beging Selbstmord genau um 3 Uhr, so daß keine Schwesternschicht für die Konsequenzen verantwortlich gemacht werden konnte.«

Es ist wichtig, zu erkennen, daß, wenn Dr. Kübler-Ross von den Bedürfnissen des Patienten spricht, der sich durch das Stadium des Zorns hindurcharbeitet, das Krankenhaus als Institution nicht dafür entworfen ist, den Zorn des Patienten aufzunehmen und sich mit ihm auseinanderzusetzen. Patienten werden dazu gebracht, sich von ihren Ärzten und Schwestern abhängig zu fühlen, ihnen wird der Eindruck vermittelt, daß sie dankbar sein sollten für die Fürsorge, die ihnen diese »wundervollen Menschen« zukommen lassen. Tatsächlich wird dieses Gefühl weithin von dem Patienten geteilt, und Ärzte wie Schwestern haben sich daran gewöhnt, es zu erwarten. Deshalb tut ein Patient, der seinem Zorn Ausdruck zu verleihen sucht, nicht nur ein persönliches Bedürfnis kund, er schreit nicht nur nach Hilfe, sondern er verletzt in der Tat die Kultur, die Regeln und die Erwartung der Institution und bedroht dadurch das System. Nur wenn Ärzte und Schwestern darin geschult worden sind, das Verhalten ihrer Patienten als signifikante Symptome einzigartiger humaner Bedürfnisse zu betrachten, und wenn sie merken, daß es ein untrennbarer Bestandteil ihrer professionellen Fähigkeit und Verantwortlichkeit ist, diesen Bedürfnissen zu entsprechen, nur dann werden Ärzte und Schwestern in der Lage sein, mit dem Zorn der Patienten fertig zu werden, ohne sich persönlich verletzt und institutionell angegriffen zu fühlen.

Dieselbe Betrachtung läßt sich auch bei dem verhandelnden

Patienten anstellen. Die Angehörigen der Krankenhausberufe sind diejenigen, die bestimmen, was für den Patienten gut ist, sie sind die einzigen, die wissen, wieviel der Patient erreichen kann, wieviel dieser Patient selber tun kann und mit welcher Geschwindigkeit die Krankheit des Patienten verlaufen sollte.

Der Patient im Stadium des Grams — das vierte Stadium in der Liste von Dr. Kübler-Ross — verursacht Schuldgefühle und andere Mißhelligkeiten. Wir leben in einer Gesellschaft, in der die Kontrolle von Emotionen und ein anständiges Verhalten in starker Weise belohnt wird. Wir leben auch in einer Gesellschaft, in der der Eintritt in einen Beruf zusammengeht mit etwas, das »professionelles Verhalten« genannt werden kann. In beiden Fällen ist das Zeigen von Emotionen, das Anteilnehmenlassen an Gefühlen und in besonderem Maße das Zeigen solch persönlicher Indikatoren wie Tränen, ein gesellschaftliches Tabu, besonders für Berufsvertreter und besonders für Männer. Der Patient im Stadium des Grams, der Patient, der weint, verursacht nicht nur Schuldgefühle bei uns, er läßt uns auch Schmerz empfinden über unsere eigene Unfähigkeit, eine Beziehung ohne Verlust der Maske professionellen Verhaltens aufrechtzuerhalten. In Gesprächen mit Ärzten und Schwestern ist die Angst vor dem Weinen, die Angst, Mitleid zu zeigen, auf tragische Weise eine Blockierung, die das Deutlichwerden echter Betroffenheit verhindert. Diese Betroffenheit besteht aber bei vielen, die in ihrer eigenen Frustration den Konflikt zwischen ihrer Betroffenheit und der Maske, die sie tragen zu müssen meinen, empfinden.

Die Struktur des Krankenhauses und die Beziehung zwischen den Heilberufen ist in vielen Publikationen diskutiert worden und ist Gegenstand von Kommentaren, Kritiken und Analysen aus vielen Richtungen gewesen. Dabei gibt es ein wichtiges Problem, das in direkter Beziehung zum sterbenden Patienten steht. Die technische Angemessenheit, welche die Grundlage der Logik der Arbeitsteilung innerhalb des Krankenhauses ist, verliert ihren Sinn, wo es um die Bedürfnisse des sterbenden Patienten geht. Ich möchte den Begriff eines »transprofessionellen« Bereiches vorschlagen. Bestimmte technische Befähigungen und bestimmte Rollenverständnisse sind ihrer Natur nach professionell. Sie implizieren Verantwortlichkeit, die Übernahme beabsichtigter Beziehungen und den Gebrauch unterscheidbarer Kunstfertigkeiten. Der transprofessionelle Bereich dagegen liegt nicht im Besitz eines einzelnen Berufes und ist offen für jeden der verfügbaren

Funktionsträger und ihm angemessen. Die Beziehung zum sterbenden Patienten, das Privileg, dem sterbenden Menschen zu helfen, sich zum Stadium der Annahme hindurchzuarbeiten und seiner oder ihrer Familie zu helfen, ist etwas, wozu jeder Berufstätige befähigt sein sollte, der bei der Pflege einer bedürftigen Person gebraucht wird. Umgekehrt muß nicht jeder, der mit kranken und sterbenden Menschen beschäftigt ist, diese Kunstfertigkeit voll entwickelt haben. Daher schlage ich eine Art von Teamwork vor, eine Art der Nutzung angemessener menschlicher Ressourcen, die sich von der typischen Krankenhausstruktur unterscheidet. Tatsächlich kann zuweilen der behandelnde Arzt nicht die beste Person sein, um dem Patienten zu helfen, Trost und Frieden zu finden. Viele Patienten haben das Gefühl, daß sie durch ihren Tod ihrem Arzt eine Niederlage zufügen, und viele Ärzte, wie zuvor erwähnt, fühlen sich angesichts des Todes ihrer Patienten unbehaglich. Die Nutzung menschlicher Ressourcen durch die Einbeziehung jener, die dem Patienten annehmbar und angemessen sind, verlangt nach atypischen Verhaltensmustern innerhalb des Krankenhauses.

Hier muß ein Wort über die Geistlichen gesagt werden. Im Krankenhaus haben Geistliche erst in jüngster Zeit eine gewisse Bedeutung, einen gewissen Zugang und eine bestimmte Rolle gewonnen. Die Geistlichen verdienen einen bedeutungsvollen Platz, nicht nur um dem sterbenden Patienten zu helfen, sondern auch um als Kraftquelle für die Familie des Patienten zu dienen und vielleicht auch für den Arzt oder für die anderen Angehörigen von Heilberufen, die durch die Bürde, die auf ihren Schultern liegt, in Schwierigkeiten geraten.

Es mag wie ein Scherz klingen, aber es ist wert, darüber nachzudenken, daß das Mandat des Geistlichen ein Sicherheitsventil beinhaltet, das ihnen helfen kann, ihre Funktion als Beistand der Sterbenden zu erfüllen. Geistliche sind in allen Konfessionen Sprecher oder Repräsentanten einer höheren Gewalt. Wenn sie den Versuch unternehmen, zu helfen oder Unterstützung zu geben, dann geschieht das innerhalb des Kontextes persönlicher Unvollkommenheit und des Mangels vollständiger Autorität. Im Gegensatz dazu hat unsere Gesellschaft der Medizin die Aura endgültiger Autorität im Verhältnis zu Gesundheit, Krankheit und Leben gegeben.

Meine Bemerkungen sollten nicht verstanden werden als Kritik am Arzt, sondern als Kritik an der Gesellschaft, die etwas auf die Schultern des Arztes geladen hat, dem er oder sie nicht ohne Schwierigkeiten entsprechen kann. Der harte Konflikt zwischen Auftrag und Wirklichkeit ist durch die wissenschaftlichen Entwicklungen verschärft worden, die den Arzt in die Laboratorien der Bio-Chemie und Physiologie gelockt und ihm eine Aura der labormäßigen Kontrolle über biologische Prozesse verliehen haben. Dabei ist die spezifische Unvollkommenheit und der Mangel an Endgültigkeit, der alle menschlichen Vorgänge begleitet, aus seiner eigenen Bildung verschwunden und mit Sicherheit aus seinem Studiengang.

Sudnow unterscheidet zwei Weisen, den Tod zu betrachten. Es gibt solche Todesfälle, die man erwartet und die Teil der vorausberechneten Ereignisse in einer bestimmten Krankenhausabteilung sind, und dann gibt es jene Todesfälle, die nicht vorhergesagt werden konnten und in solchen Teilen des Krankenhauses stattfinden, in denen der Tod eine Ausnahme und eine Seltenheit ist. Sie »hätten einfach nicht passieren dürfen«. Das folgende Zitat aus Sudnows Buch zeigt, wie auf einer geschäftigen Station mit ernsthaft kranken Patienten der Behandlungsstab eine bestimmte Weise des Umgangs mit dem Tod entwickelt hat.

A: Hallo, Susanne, na, bist du auf dem Wege nach Hause?

B: Stimmt – es war ein anstrengender Tag.

A: Irgendwelche Neuigkeiten?

B: Nicht viel. O doch, Frau Wilkens, die Arme, ist heute morgen gestorben, gerade als ich ankam.

A: Ich habe nicht geglaubt, daß sie es noch lange macht. Sind wir voll besetzt?

B: Na so gerade. Nr. 2 ist leer und, soweit ich weiß, auch Nr. 7.

A: Ist Frau Johns gestorben?

B: Ich glaube schon, laß mich mal sehen. (Sie blicken auf Karteikarten.) Ja, ich glaube schon. (Wendet sich an eine andere Schwester.) Ist Frau Johns heute gestorben?

C: Sie war schon tot, bevor ich heute morgen mit der Arbeit angefangen habe, muß in der Nacht gestorben sein.

A: Die Arme. Ich kannte sie nur flüchtig, aber sie sah aus wie eine nette alte Dame. –
Du siehst müde aus.

B: Ich bin's auch. Na, nun ist es ja deine Sache.

A: Ich hoffe, es wird eine ruhige Nacht. So scharf bin ich nun auch wieder nicht darauf.

B: Heute sind sie alle am Tage gestorben, zu unserem Glück.
    Du wirst es wahrscheinlich angenehm und einfach haben.

A: Ich habe es gesehen. Es sieht so aus, als ob Nr. 3, 4 und 5
    leer seien.

B: Kannst du dir das vorstellen? Wir hatten fünf Tote in den
    letzten zwölf Stunden.

A: Nein, wie angenehm!

B: Na dann bis morgen abend. Viel Spaß.

Dieses Zitat kann auf verschiedene Weise interpretiert werden. Es zeigt das Bedürfnis des Stabes, seine Aktivitäten zu organisieren und in eine Routine zu bringen. Es zeigt, wie sehr
die unterschiedlichen Erfahrungen einer Anzahl von Menschen,
die gestorben sind, Teil eines Routineberichtes werden. Das Zitat
macht das Maß nicht vollständig deutlich, in dem diese Schwestern entweder als Helfer fungiert oder sich selbst dagegen ge-
schützt haben, mit diesen Patienten in Verbindung zu treten.

Ein Todesfall auf einer Geburtsstation, wo sich Todesfälle
normalerweise nicht ereignen, ist eine sehr andersgeartete Erfahrung. Ich erinnere mich an den Tod einer Patientin, von der
man bis zum Moment der Krise erwartet hatte, daß sie ein normales Kind und eine normale Geburt haben würde. Eine plötzliche Komplikation führte zu einem sehr schnellen Tod. Die Ärzte,
die Schwestern und das gesamte Personal gerieten in schreckliche Erregung. Die unausgesprochene Furcht vor einem möglichen Fehler oder einem möglichen Irrtum war auf der Station
nur zu offenkundig. Zwei Schwestern brachen in Tränen aus,
was bei dem Arzt dazu führte, daß er noch aufgeregter und ärger-
licher wurde, da man schließlich von Leuten im Krankenhaus
nicht erwartet, daß sie weinen. Der unvorhergesehene Tod ver-
setzte nicht nur jeden in Unruhe und schuf eine Atmosphäre der
Schuld und des Versagens, sondern er wurde auch zu einem
konflikthervorrufenden Ereignis unter den Menschen, die an der
Pflege dieser Patientin beteiligt waren. Die Kommunikation unter
ihnen nahm ab, und es lag auf der Hand, daß in der Folge des
Todes einer Patientin keiner mehr dem andern traute. Die Fähigkeit zur Kommunikation ging verloren, als die Krise eintrat.

All dieses führt zu einer wichtigen Frage. In ihrer Beschreibung der Bedürfnisse des Patienten und der Bewegung des Patienten durch die verschiedenen Stadien richtet Dr. Kübler-Ross
eine direkte Herausforderung an die Heilberufe und an die Aus-

bildungsgänge, mit denen wir unsere Neulinge in diese Berufe einführen. Ich glaube fest daran, daß die technologischen Ressourcen, die organisatorischen Komplexitäten und die Macht unserer wissenschaftlichen Fähigkeit, zu heilen, nicht mit den Kunstfertigkeiten und den Verhaltensmustern im Gegensatz stehen, die benötigt werden, um dem sterbenden Patienten zu helfen. Im Gegenteil glaube ich, daß die Technologie der Pflege und Heilung uns in die Lage versetzen sollte, Angehörige dieser Berufe dazu freizusetzen, sorgfältiger und bestimmter darauf zu achten, sich selbst als Instrumente der Hilfe und der Unterstützung einzusetzen.

Diese Überlegungen machen eine Veränderung im gegenwärtigen Klima und in der Struktur der Ausbildungsgänge für Mediziner und Pflegepersonal notwendig. Sie machen Veränderungen in der Kultur unserer Ausbildungsinstitutionen notwendig. Es ist eine alte Erfahrung, daß der Inhalt der Ausbildungsgänge nicht so einflußreich sein wird wie das Klima, innerhalb dessen diese Gehalte vermittelt werden. Wenn wir Menschen dazu erziehen, andere Menschen zu pflegen, dann muß unser Erziehungsprozeß deutlich machen, daß wir diejenigen, die wir belehren, respektieren, damit sie ihre eigenen Schutzbefohlenen respektieren können. Wir müssen von einer Patientenpflege abgehen, die an Prozeduren orientiert ist, und zu Prozeduren übergehen, die am Patienten orientiert sind. Wir müssen von der Heranbildung nur technisch kompetenter Praktiker übergehen zu der von Berufsangehörigen, die sich imstande sehen, mit ihren Gefühlen fertig zu werden und sie in einer bewußten und menschlich verfeinerten Weise zu nutzen.

Besonders wichtig bei der Pflege des Sterbenden ist, daß es sich dabei um keine Kunstfertigkeit handeln darf, die man an- und ausschalten kann, wann immer man mit einer Person konfrontiert ist, die sich in diesen letzten Stadien befindet. Die Kunstfertigkeiten, die Beziehungen, die Einstellungen und das Verhalten, die dazu nötig sind, müssen fundamental für das gesamte Netzwerk der Beziehungen mit allen Patienten sein. Sie beziehen sich auf Klienten, ob sie nun ernsthaft krank sind oder ob sie im Stadium der Erholung stehen und dabei sind, gesundet in ihre gesellschaftlichen Funktionen zurückzukehren. Das gesamte Netzwerk der Beziehungen mit Patienten hängt sehr viel mehr von bewußter Aufmerksamkeit, von Verbesserungen und möglichen Konflikten ab, als man das häufig in der medizinischen Ausbil-

dung oder in der alltäglichen Praxis der Patientenpflege einge-
steht.

In einer Studie, die zur Bestimmung der Rolle des Patienten
aus der Sicht des Patienten durchgeführt wurde, machten wir
den Versuch, die Wahrnehmung des Patienten von dieser Beziehung und von seinem eigenen Platz innerhalb des Krankenhauses zu ergründen. Die Studie umfaßte Tiefeninterviews mit nahezu neunzig Patienten und gewöhnlich verschiedene Interviews
mit demselben Patienten.

Ich erinnere mich an den Anfang unserer Untersuchung, als
wir behandelnde Ärzte um Erlaubnis baten, Patienten zu befragen, die ernsthaft krank waren, besonders Patienten kurz nach
einem Herzinfarkt. Wir stießen auf Empörung und auf die Frage:
»Wie können Sie es wagen, diese Patienten zu belästigen?«
Schließlich fanden wir einen Arzt, der uns die Erlaubnis zu dem
Versuch gab.

Wir begannen die Interviews mit einer gewissen Besorgnis.
Erst nach einiger Zeit entdeckten wir, daß die Angst vor einer
Katastrophe selten Ursache für echte Sorge war. Ich will rasch
hinzufügen, daß die geführten Interviews natürlich vorsichtig und
ohne festgelegten Schluß waren und so geführt wurden, daß den
Patienten die Möglichkeit gegeben war, über das zu sprechen,
was sie vorbringen wollten. In vielen Fällen begrüßten uns die
ernsthaft kranken Patienten und dankten uns, weil die Chance,
zu sprechen und jemanden zu haben, der intensiv zuhörte und
Mitgefühl zeigte, eigene Spannungen zu verringern schien.

Wir beschlossen, unsere Studie auf Patienten mit Erkrankun-
gen des Magen- und Darmtraktes sowie des Herzens und der
Blutgefäße zu beschränken. Unter anderem wollten wir herausfinden, ob diese beiden Erkrankungsarten einen Unterschied in
der Weise zur Folge hatten, wie die Patienten ihre Rolle erfuhren.

Bei dem Gespräch mit Patienten und bei der Analyse unserer Daten kamen wir zu dem Schluß, daß in gewisser Weise der
Patient in einem Krankenhaus mehr abhängig von der Institution
gemacht wird als der Insasse in einem Gefängnis, der Student in
der Schule oder der neue Angestellte in einem Industriewerk.
Erving Goffman, der bekannte Soziologe, spricht von dem »Entkleidungsprozeß« und beschreibt damit die Inkorporierung von
Personen in jene Institutionen, die das Individuum total einschlie-
ßen und die Prozeduren und Rituale bereithalten, die die Person
ihrer Autonomie, ihrer Identität und ihres unterscheidbar sepa-

rierten Status entkleiden. Das kann angewendet werden auf den Militärdienst, auf das Kloster, auf das psychiatrische Krankenhaus und auch auf jede allgemeine Klinik, jedenfalls zu einem beträchtlichen Grad.

Im modernen Krankenhaus wird dem Patienten oft ein privater oder halbprivater Raum zuerkannt. Die Natur des Krankenhauses, seine Architektur, seine Ausstattung und seine Verfahren führen dazu, dem Patienten den Mut zu nehmen, eine Patientengemeinschaft und ein System der Interaktion mit den anderen Patienten zu bilden. Da er nicht in der Lage ist, informelle Gruppierungen mit Gleichgearteten zu bilden, die ihm helfen können, die Institution zu erklären, wird die Macht des Klienten reduziert. Gemeinsame informelle Regeln und Erwartungen helfen den Klienten, an Erfahrungen und Weisen der Bewältigung Anteil zu nehmen. Durch informelle Kommunikation versuchen Patienten festzustellen, welche Verhaltensformen wahrscheinlich belohnt und welche wahrscheinlich von den Funktionären der Institutionen bestraft werden.

Um den Prozeß bildlich zu verdeutlichen, durch den die Verringerung der personalen Autonomie und Identität stattfindet, wollen wir davon ausgehen, daß ich vor zwei Tagen im Büro meines privaten Arztes gewesen bin. Er bestätigte die Medikamente, die ich schon seit einiger Zeit genommen habe. Er ließ seinen technischen Assistenten eine Reihe von Labortests machen, darunter eine Urinanalyse, die Überprüfung einer Blutprobe und verschiedene andere Arten von diagnostischen Tests. Gestern wurde ich davon informiert, daß einige der Testresultate eine Überweisung in das Krankenhaus zum Zwecke weiterer Untersuchung nahelegen. Sein Büro nahm die Einweisung für mich vor, und man forderte mich auf, heute um halb vier am Nachmittag mich im Krankenhaus einzufinden. Wir wollen nun meine Erfahrungen der Reihe nach betrachten.

Viel ist darüber geschrieben worden, daß, wenn man den Aufnahmeschalter des Krankenhauses erreicht hat, Warten die Parole des Tages ist. Warten an sich kann der Ausdruck von Macht der Institution sein, die einen warten läßt. Das Ausfüllen von Formularen kann, obgleich notwendig, zu dem Klima persönlicher Unterwerfung beitragen. Natürlich hat Zeit eine verschiedene Bedeutung in verschiedenen Kulturen. In Lateinamerika mag die Länge der Wartezeit eine ganz andere Bedeutung haben als in angelsächsischen Ländern. Zeit hat eine verschiedene Bedeutung in verschiedenen Teilen der Vereinigten Staaten und verschiedene Bedeutung in ländlicher oder städtischer Umgebung. Wie immer das auch sein mag, die Erfahrung des Wartens wird an einem bestimmten Punkt zu einer Mitteilung. Den medizinischen Berufen, dem Krankenhaus und anderen Heilberufen ist es gelungen, der Öffentlichkeit deutlich zu machen, daß das Warten im Krankenhaus, das Warten in der Praxis fast die erwartete Norm und der Preis ist, den wir für das Privileg zahlen müssen, gesundheitlich betreut zu werden.

Meine Bemerkungen haben nicht die Absicht, Kritik an den Prozeduren selbst zu üben. Sie sollen vielmehr deutlich machen, daß Prozeduren, auch wenn sie notwendig sind, psychologische Nebeneffekte haben und eine Welt von Bedeutung implizieren, die wir berücksichtigen müssen, wenn wir erkennen wollen, was einem Menschen zustößt, der Patient wird. Es ist offensichtlich notwendig, daß wir Patienten identifizieren und daß wir sie vor Irrtümern bei der Medikamentierung schützen. Jedoch die Anbringung eines kleinen Plastikbandes am Arm des Patienten als Teil des Aufnahmeprozesses ist der Ausdruck von Besitzrechten und ähnelt in gewisser Weise der Markierung von Vieh mit Brandzeichen durch den Besitzer. Das bedeutet, daß »wir nunmehr Besitz von dir nehmen«.

Jemand bringt uns zu unserem Zimmer. Sind wir einmal in das Krankenhaus aufgenommen, dürfen wir nicht ohne Begleitung herumgehen, auch wenn wir physisch dazu sehr gut in der Lage wären und sogar wenn wir die Institution sehr gut kennen.

Ist man erst einmal in dem zugewiesenen Raum, wird der »Entkleidungsprozeß« fortgesetzt. Das bedeutet jetzt, die Kleidung abzulegen. Ich erinnere mich an das Entsetzen, mit dem eine junge Schwester, die zufällig eine meiner Studenten gewesen war, mich ansah, als ich ihr mitteilte, daß ich meine Kleider anbehalten wollte. Ich war wegen eines bestimmten chirurgischen Eingriffs eingewiesen worden und wußte, daß nicht viel anderes mehr auf meinem Behandlungsplan stand. Ich wollte einen Bericht beenden, den meine Sekretärin später aus meinem Zimmer holen sollte. Als sie fragte: »Wollen Sie Ihren eigenen Pyjama tragen, oder möchten Sie lieber Krankenhauskleidung?«, sagte ich, daß ich noch einige Zeit angezogen bleiben wolle. Dieser jungen Frau wurde sehr unbehaglich, weil ich letzten Endes eine Autoritätsperson für sie war, denn sie kannte mich als einen ihrer Lehrer. Ich rief in ihr ein schreckliches Dilemma hervor, weil doch alle Patienten ihre Kleider ablegen mußten, damit das Krankenhaus sich mit ihnen beschäftigen konnte. Schließlich tat sie etwas, was ich schon zuvor und seitdem viele Male bei Krankenschwestern gesehen habe. Sie wies auf die Tatsache hin, daß der Arzt jede Minute kommen könnte und daß wir doch die Arbeit des Arztes nicht dadurch stören sollten, daß wir uns nicht darauf vorbereiteten. Den Angehörigen eines anderen Berufes vorzuschieben, ist ein sehr riskantes Unternehmen, will man dem Patienten ein Gefühl der Teamarbeit, des Vertrauens und der interprofessionellen Kommunikation vermitteln. Um nicht weiteren Streß zu verursachen, legte ich meine Kleider ab und beunruhigte das Personal nicht weiter.

Die psychologische Literatur weist darauf hin, daß Krankheit häufig mit regressivem Verhalten zusammengeht. Das trifft durchaus zu. Als Soziologe muß ich hier jedoch eine Warnung aussprechen. Wenn wir nur dieses psychologische Modell benutzen, dann hat das zur Folge, daß jene, die sich um den Kranken kümmern und ihm zur Seite stehen, die Symptome des Patienten lediglich tolerieren in der Hoffnung, daß der Patient nach seiner Wiederherstellung zu reiferem Verhalten zurückfindet. Soziologen können jedoch feststellen, daß das Abhängigkeitsverhalten, das Patienten zeigen, nichts weniger ist als eine realistische Antwort auf die soziale Situation, in die sie gestellt sind und zu der alle Angehörigen der Heilberufe sich gemeinsam verschworen haben und dafür gemeinsame Verantwortung tragen.

Um diesen Punkt zu betonen, möchte ich behaupten, daß der ganze Prozeß der Einweisung beständig diese Abhängigkeit demonstriert. Alles, was der Patient mit sich trägt, muß bei der Einweisung abgeliefert werden. Das schließt sogar die Medikamente ein, die sein eigener Arzt ihm verschrieben hat. Er hat dem Patienten vertraut, daß er sie selbständig einnimmt. Diese Medikamente können nicht wieder gegeben werden, bis nicht ein neues Rezept von demselben Arzt oder von irgend jemand anders ausgeschrieben worden ist. Bei vielen Gelegenheiten vergeht Zeit bis zur nächsten Medikamentierung; das Medikament steht auf dem Schreibtisch der Schwester in einem für den Patienten gesonderten Behälter. Aber die Zeit vergeht, weil kein neues Rezept ausgeschrieben worden ist.

Das ist nicht nur ein direkter Konflikt zwischen professionellen und bürokratischen Prinzipien, in denen die bürokratischen Prinzipien den Sieg davontragen. Was noch wichtiger ist, es erinnert den Patienten daran, daß die Beziehung zu seinem oder ihrem privaten Arzt abgetrennt worden und daß das Krankenhaus als anonyme Instanz zum Eindringling, zum Machthaber geworden ist, der dem Patienten sogar die Medikamente vorenthalten kann, die der eigene Arzt des Patienten verschrieben hat. »Gilt das Wort meines Arztes nicht mehr? Das sind die Pillen, die er mir verschrieben hat. Warum geben sie sie mir nicht? Schließlich steht der Name meines Arztes auf der Flasche.« Das unterminiert nicht nur das Vertrauen zum Arzt, sondern auch jegliches Gefühl der Autonomie, das dem Patienten noch geblieben ist.

Die Einweisung kann auch die Wiederholung aller Prozeduren bedeuten, die zuvor schon in der Praxis des Arztes vorgenommen worden sind – Röntgenaufnahmen, Wiegen, Untersuchen und Laboruntersuchungen. Wenn sie außerhalb des Krankenhauses vorgenommen worden sind, zählen sie nicht mehr. Auch hier behält die Bürokratie die Überhand. Um einen Patienten zu zitieren: »Ich kann es akzeptieren, daß sie mir nicht vertrauen, aber sie scheinen noch nicht einmal meinem Arzt zu trauen.«

Aus all diesem formen sich für den Patienten zwei Ziele für seinen Krankenhausaufenthalt: Der Patient kommt im Krankenhaus an mit dem Wunsch, dem Ziel, gesund zu werden. Die neue Rolle, die auftaucht, ist, daß »ich im Krankenhaus überleben muß. Die Leute hier sind alle sehr mächtig. Ich muß mich anständig verhalten, um gepflegt zu werden.« Dieser zweite Rollenaspekt gerät bisweilen mit dem Ziel, gepflegt zu werden, in Wettstreit. Wenn ich Schmerzen habe und etwas brauche und weiß, daß die Schwester ärgerlich werden könnte, falls ich das Lichtsignal zu oft benutze, sehe ich mich in einem Machtsystem gefangen. Ein Herzpatient, der die Signalschnur hin und her wiegte, sagte: »Ich gehe mit diesem Knopf sparsam um. Das mögen die da draußen gern. Sie wissen, daß, wenn ich den Knopf drücke, ich wirklich schnell Hilfe brauche. Sie mögen das, daß ich den Knopf nicht zu oft benutze.«

All diese Erfahrungen zeigen: Der Patient lernt, daß er erfolgreich im Krankenhaus überleben muß. Um das zu tun, muß er herausfinden, was die Spielregeln zu sein scheinen. In den Schulen erzählen sich die Schüler untereinander, was man sich an Übertretungen leisten kann und welches die Grenzen sind. Jeder, der als Babysitter mit Kindern zusammen war, weiß, daß das erste, was das Kind mit dem neuen Babysitter tut, der Versuch ist, die Grenzen zu testen. Auch der Patient im Krankenhaus versucht herauszufinden, was die Belohnungen und was die Bestrafungen für das Verhalten im Krankenhaus sind. Jedoch ist das für den Patienten schwieriger, weil die Regeln nicht deutlich sind, die Statusdefinitionen variieren und es keine informelle Gemeinschaft der Patienten gibt. Viele Ärzte und Krankenschwestern wissen noch nicht einmal, daß ihr tagtägliches Verhalten zum Patienten Belohnungen und Bestrafungen impliziert und daß sie dem Patienten als Machtfiguren erscheinen vom ersten Tag an, an dem sie als Studenten auf der Pflegestation des Patienten erscheinen.

Einige moderne Aspekte bei Pflegeteams müssen unter dem Gesichtspunkt der Reaktionen und Hinweise des Patienten betrachtet werden. Warten ist Strafe. Die Bedürfnisse des Patienten vorherzusehen bedeutet Belohnung. Sich so zu verhalten, als verstünde ich nicht, was der Patient will, ist Bestrafung. Der Arzt, der sich hinsetzt, belohnt; der Arzt, der weit entfernt vom Bett steht, bestraft. Wir baten verschiedene Ärzte hereinzukommen, und wir stoppten die tatsächliche Zeit. Wir baten sie, genau drei Minuten im Raum des Patienten zu bleiben. Vier Ärzte arbeiteten dabei mit uns zusammen. Bei der Hälfte der Patienten setzten sie sich wie zufällig hin, und bei der anderen Hälfte blieben sie mit einigem Abstand zum Bett stehen. Wir machten dann ein Interview mit diesen Patienten. Jeder der Patienten, bei denen sich der Arzt hingesetzt hatte, hatte den Eindruck, daß der Arzt wenigstens zehn Minuten geblieben war. Keiner von denen, wo die Ärzte stehen geblieben waren, schätzte die Verweildauer so hoch.

Ich erinnere mich an eine 58 Jahre alte Frau, die wegen eines Herzproblems eingewiesen worden war und die wir am nächsten Tag interviewten. Die Patientin sagte: »Wissen Sie, als ich eingewiesen worden war, half mir eine Schwester in das Nachthemd. Als sie das Bett machte, setzte ich mich hin. Sie befestigte die Signalschnur an dem Kissen und sagte mir, daß ich bloß den Knopf drücken sollte, wenn ich etwas benötigte; das Licht würde angehen, und eine Krankenschwester würde hereinkommen.« Diese Frau lächelte mich an und fuhr fort: »Nun, ich weiß, wie beschäftigt diese Schwestern sind, daher sagte ich ihr, daß ich hoffe, ich müßte sie nicht so oft belästigen.«

Wir wollen überprüfen, was diese Patientin tat. Einerseits testete sie die Grenzen. Sie sagte: »Was meinen Sie, wann kann ich wirklich das Signallicht anschalten?« Zweitens versuchte sie, durch Anteilnahme Punkte zu sammeln: »Ich weiß, Sie sind beschäftigt, ich schätze Sie sehr. Ich hoffe, Sie werden auch mich schätzen.« Die Patientin fuhr in dem Interview fort: »Wissen Sie, was diese junge Schwester tat? Sie unterbrach ihre Tätigkeit und kam zu mir. Sie legte ihre Hand auf meine Schulter und sagte, daß ich mich nicht darum kümmern sollte, ob sie beschäftigt wären oder nicht. Wenn ich etwas benötigte, sollte ich das Licht anschalten.« Wäre diese Krankenschwester weiter Miß Tüchtig geblieben, indem sie das Bett glattgestrichen und ihre Arbeit fortgesetzt hätte, wäre sie erfolglos geblieben. Um der Patientin zu zeigen, daß sie einfach das Licht einschalten sollte, wenn sie etwas benötigte, nahm sie eine Beziehung auf, indem sie aus ihrer Rolle heraustrat. Sie hatte die wichtige Begabung zu merken, wann sie dienstlich sein konnte und wann sie ihr informelles Selbst benutzen mußte, eine Befähigung, die wir bisweilen vergessen. Diese Schwester benutzte Beziehungen von Angesicht zu Angesicht, und sie nutzte die Berührung.

Patienten neigen zu dem Gefühl: »Ich habe das Recht auf ein bestimmtes Maß an Pflege.« Dieser Glaube hängt ab von der Einschätzung des Patienten, wie krank er sei. Weniger als 5 Prozent der Patienten in unserer Studie waren der Meinung, daß der Anspruch auf Dienstleistung in Beziehung zum bezahlten Geld stünde. Alle anderen wiesen beständig darauf hin, daß sie Anspruch auf Dienstleistung hätten je nachdem, wie krank sie wären.

Woher weiß ich, wie krank ich bin? Der Arzt sagt es mir nicht. Die Krankenschwestern sagen es mir auch nicht. Eigentlich weiß ich es nicht. Das führt dazu, die Art und Weise meiner Vorzugsstellung bei Dienstleistungen herauszufinden, die Höhe meines Dienstleistungskontos zu bestimmen. Der wichtigste Hinweis auf das Recht auf Dienstleistung scheint die Sichtbarkeit dieses Anspruchs zu sein.

Am sichtbarsten ist der Anspruch eines Patienten, der total auf Hilfeleistungen angewiesen ist. Er mag in bezug auf seine Gesundung zutiefst beunruhigt sein, aber wenigstens hat er keine Sorgen wegen seiner Rolle als Insasse. Jeder, der hereinkommt, sei es eine Schwester oder ein Pfleger oder ein Arzt, wird wissen, daß es für ihn legitim ist, um Orangensaft, um Wasser, das Bettgeschirr oder irgend etwas anderes zu bitten. Jede Kanüle, jeder Flüssigkeitsbehälter, der neben seinem Bett hängt, ist für ihn ein Zuwachs an Glaubwürdigkeit. Ich will nicht behaupten, daß ein Arzt alle Arten von Flaschen deswegen verschreibt, um dem Patienten Sicherheit zu vermitteln. Aber es ist wichtig, sich des Gesichtspunkts des Patienten bewußt zu sein. Ich habe dies bei einem Patienten mit einer Herzattacke erfahren, der vor seiner Entlassung sagte: »Ich habe niemals gedacht, daß ich einen Amputierten beneiden würde.« Ich war nahezu schockiert. Der Patient erklärte: »Wenn ich nach Hause gehe, wird mir mein Arzt wahrscheinlich sagen, daß ich keine Stufen hinaufsteigen soll.« Zu dieser Zeit gab es im Zentrum von Chicago viele handgesteuerte Aufzüge in Geschäftshäusern, in denen Tafeln mit der Aufschrift angebracht waren: »Gehe eine Treppe hinauf, und gehe zwei hinunter.« Der Patient fuhr fort: »Wenn ein Amputierter in einen Aufzug geht und sagt ›Zweiten Stock‹, dann wird der Fahrstuhlführer die Prothese sehen und ihn mitnehmen. Aber was wird mit mir passieren? Ich habe keine Möglichkeit, mich zu legitimieren, wenn ich hineingehe und verlange, zum zweiten Stock mitgenommen zu werden. Ich muß entweder sagen, was mit mir los ist, und lange Erklärungen liefern, oder ich muß hinauflaufen. Und was glauben Sie werde ich tun? Ich werde laufen.« Die besonderen Konsequenzen der Unsichtbarkeit bestimmter Verfassungen gewinnen eine zentrale Bedeutung.

Das zweite Kriterium, das Patienten zu identifizieren pflegen, ist Fieber. Wenn irgend jemand eine Studie über das Krankenhaus und sein Statussystem anstellen will, muß er die Kastengrenze zwischen jenen, die Temperatur haben, und jenen ohne Temperatur berücksichtigen. Es gibt Regeln, die bestimmen, daß dem Patienten die Höhe seiner Temperatur nicht mitgeteilt wird. Indem wir ihm aber nicht sagen, wie krank er ist, geben wir ihm auch keinen Fingerzeig für seine Rechte, denn in dem Maße, wie seine Temperatur steigt, wächst auch sein Anspruchskonto auf Dienstleistung.

Als drittes gibt es den Schmerz. Er ist nicht so gut wie etwas Sichtbares, weil an ihn geglaubt werden muß. Der Patient versucht, die Kriterien festzusetzen, die bestimmen, um wieviel er bitten kann. Und er sucht nach Möglichkeiten, seine Forderungen zu organisieren. Wenn er Forderungen äußert, denen der Stationsstab zuzustimmen scheint, dann wird weniger von seinem Kredit verbraucht. Wenn er zufällig eine Forderung erhebt, die dem Stab zu mißfallen scheint, dann kostet ihn das mehr.

Der Arzt hat einem krebskranken Patienten gesagt, daß er sich nicht aufregen, daß er nicht in Erregung geraten solle. Wenn er etwas wolle, solle er darum bitten. Und er weiß auch, daß er nicht sterben wird. So wird er wahrscheinlich eher um Dinge bitten. Er wird wohl eher sein Konto überziehen als der herzkranke Patient, der sagt: »Ich bin hier ohne die Überzeugung, daß jeder weiß, daß ich Anspruch auf vollständige Aufmerksamkeit habe. Wie soll ich wissen, ob die Hilfsschwester, die kommt und Dinge für mich tut, mit mir übereinstimmt, daß ich ein Anrecht darauf habe?« Dieser Patient hat keine sichtbaren Zeichen der Hilflosigkeit und weiß auch, daß eine Herzattacke wiederkommen kann. Und wenn sie kommt, wird er seinen gesamten Kontostand brauchen, also wird er vorher nicht viel von seinem Betrag aufbrauchen. Sollte ich Ärzten und Krankenschwestern einen Rat geben, würde er lauten: »Sehen Sie die Bedürfnisse herzkranker Patienten stärker voraus als die von allen anderen Patienten.«

Betrachten wir die Bedürfnisse eines Patienten und seine Auffassung der eigenen Rolle, bemerken wir, daß der Patient danach verlangt, daß ihm seine Rechte bezeichnet werden, damit er sie besser versteht. Er will wissen, welche Belohnungen und welche Bestrafungen für ihn vorhanden sind. Er möchte gern als Individuum bekannt sein und nicht als Nummer 732. Er möchte überzeugt sein, daß das, was ihm gegeben wird, auch sicher ist. Glücklich ist jener Patient, dem ein Medikament verschrieben wird, das irgendeine psychedelische Farbe hat, denn er weiß wenigstens, wenn es ihm gegeben wird: »Das ist mein Medikament.« Wehe aber dem Patienten, der die ununterscheidbare weiße Pille bekommt. Er wagt es nicht, nachzufragen, weil die Schwestern sonst sehr streng mit ihm sein würden. Und dennoch soll er dem Stab vertrauen, daß er auch das bekommt, was für ihn vorgesehen ist.

Das Klima der Abhängigkeit vom Stab und von der Institution höhlt das Gefühl des Patienten für die eigene Einzigartigkeit und Menschenwürde aus. In dieser Umgebung ist es möglich, eines meiner Organe zur Reparatur anzubieten, aber es ist viel schwieriger, mit der Tatsache fertig zu werden, daß ich sterbe. Die Pflege, die ich benötige, entspringt der Fähigkeit von Menschen, sich selbst als zielstrebige und sorgfältige Hilfsinstrumente zu benutzen. Dagegen können meine Organe nur auf die Technologie und Chemie der Medizinwissenschaft reagieren.

Zusammenfassend gesagt: Aus dem Blickwinkel der Institution werden beim Sterbeprozeß zwei fundamentale Probleme deutlich. Das eine ist der Umfang der Fertigkeiten, Einstellungen und Verhaltensmuster bei den Heilberufen, die dazu erziehen, auf menschliche Bedürfnisse zu reagieren. Das andere ist die Organisation eines komplexen sozialen Systems, das wir geschaffen haben, diese Fertigkeiten zu organisieren und die technologischen Ressourcen der therapeutischen und diagnostischen Künste zur Verfügung zu stellen. Das Krankenhaus ist in der Tat eine Einrichtung, die in bewundernswürdiger Weise auf die Herausforderung des Heilens reagiert. Es hat eine Arbeitsteilung möglich gemacht, es hat die Notwendigkeiten in Routine überführt; aber dabei hat es einen Preis gezahlt und zugunsten menschlicher Tüchtigkeit die Bedingungen der Würde und der Individualität reduziert, die ein Teil der menschlichen Bedürfnisse des Gesunden, des Kranken und des Sterbenden sind.

Wir haben behauptet, daß die Angehörigen der Heilberufe es gelernt haben, Experten im Management technologischer Instrumente und Werkzeuge zu sein. Wir haben ebenso behauptet, daß mit der Betonung von Instrumenten und Techniken ihre Sensitivität und ihre Verpflichtung auf ihre eigenen Hilfsmittel und ihre innere Stärke verringert werden. Wir haben ihnen nicht bei der Erkenntnis geholfen, daß ein Angehöriger dieser Berufe zu *sein* ebensoviel zum Prozeß der Hilfe beitragen kann wie das *Tun* derjenigen Dinge, die man professionell tut.

Ich erinnere mich an eine Analogie, die ich zum Abschluß anfügen möchte. In unserer Gesellschaft haben wir die Entwicklung von Superschnellstraßen erlebt, eines innerstaatlichen Netzwerks von Zementbändern, die unser Land zerschneiden und erfolgreich und schnell weit auseinanderliegende Landesteile miteinander verbinden. Die technologische Fähigkeit, diese Schnellstraßen zu bauen, repräsentiert die Entwicklung maximaler Effizienz und maximaler Kontrolle über die Natur, indem man Hügel beseitigt, Täler auffüllt und Flüsse überbrückt. Wenn man auf einer Superschnellstraße fährt, wird man sich dessen bewußt, daß man in der Tat eine Entscheidung getroffen hat, eine Entscheidung, durch die man an Effizienz der Bewegung gewonnen hat; aber man hat den Preis gezahlt, zu fühlen, daß die natürliche Umgebung entfernt und abgetrennt worden ist aus der unmittelbaren Reichweite. Der Preis mag angemessen sein. Es gibt aber wieder Zeiten, wenn die Erfahrung, das Vergnügen oder das Bedürfnis, die eigene Umwelt zu verstehen, einen dazu veranlassen, Nebenstraßen zu nehmen und Verbindungen mit der Natur zu suchen. Die schmale Straße, auf der man dann reist, erscheint nun als ein eher zurückhaltender Einbruch in die Integrität der Welt, die man zu verstehen sucht. Dies ist in der Tat ein Bild für die moderne Patientenpflege. Unsere Krankenhäuser und unsere Heilberufe haben Schnellstraßen medizinischer Technologie aufgebaut, auf denen die Krankheiten der Patienten und ihrer Organe sich auftürmen und wir uns mit effizienter Spezifizierung auf den Krankheitsprozeß konzentrieren, den wir zu heilen suchen. Patientenpflege jedoch verläuft nach eigenen Maßstäben, und der sterbende Patient ist nur ein extremes Beispiel für die Fälle, in denen professionelle Herausforderung es nötig macht, die bequemen Wege voraussagbarer Geschwindigkeit zu verlassen, und wir es wagen müssen, uns auf die engen Nebenwege zu begeben, die sich der Individualität der wirklichen Welt anpassen – in diesem Fall den spezifischen Bedürfnissen und den menschlichen Vorgängen im Patienten, der sich selbst der Pflege von Menschen anvertraut hat, die sich am wirksamsten ihrer selbst als Instrument für Hilfe und Hoffnung bedienen könnten.

Anonym
Tod in der ersten Person

In dem voraufgegangenen Beitrag fordert Dr. Mauksch eine Veränderung in der Orientierung und der Prozedur des Krankenhauses, um es den menschlichen Bedürfnissen nach Hoffnung, Sicherheit und Hilfe von jenen, die sich um sterbende Patienten kümmern, anzupassen. Es ist unwahrscheinlich, daß schon bald offizielle Entscheidungen auf der Ebene der Institution eintreten werden, die diese Forderungen in das vorgesehene Rollenverständnis der Berufsangehörigen in einem Krankenhausstab einbringen werden. Aber es bedarf keiner offiziellen Entscheidungen, damit Individuen ihr Verhalten ändern. Wie es diese junge Krankenschwester so beredt zur Sprache bringt: Man braucht dazu nicht mehr Zeit, als man schon aufbringt; es geht vielmehr darum, diese Zeit auch dazu zu benutzen, den Bedürfnissen des Patienten als eines menschlichen Wesens mit Hoffnungen und Befürchtungen und Fragen und dem Verlangen nach sinnvollem Kontakt mit andern Menschen zu dienen. Dieser Beitrag wurde im Februar 1970 publiziert. Seine Autorin ist jetzt vielleicht schon mehrere Jahre tot. Sie gab ihrem Leben und ihrem Tod einen Sinn dadurch, daß sie sich an andere wandte mit einer Botschaft, die auch lange nach ihrem Tod noch weiterwirken kann. Ihrem Tod widerfährt Ehre von jedem, der diese Botschaft annimmt und ihr gemäß handelt.

Ich bin eine Lehrschwester. Ich sterbe. Ich schreibe dies für Euch, die Ihr Schwestern seid oder werdet, in der Hoffnung, daß dadurch, daß ich meine Gefühle mit Euch teile, Ihr eines Tages besser befähigt seid, jenen zu helfen, die in derselben Situation sind wie ich.

Ich bin jetzt aus dem Krankenhaus heraus – vielleicht für einen Monat, für sechs Monate, vielleicht für ein Jahr –, aber niemand mag über solche Sachen sprechen. Tatsächlich mag niemand überhaupt viel reden. Die Pflege durch die Schwestern soll rasch vonstatten gehen, aber ich wünschte, es ginge noch viel schneller. Man hat uns beigebracht, in dieser Situation nicht oberflächlich fröhlich zu sein, die Routine des »Alles-in-Ordnung« zu vermeiden, und wir schaffen das auch sehr schön. Aber nun steht man verlassen in einer einsamen, schweigenden Leere. Wenn das fürsorgliche »Gut, gut« vorbei ist, bleibt dem Pflegestab nur die eigene Verletzlichkeit und Furcht. Im sterbenden Patienten wird nicht mehr eine Person gesehen, und daher kann mit ihm auch keine Kommunikation aufgenommen werden. Er ist ein Symbol für das, was jeder Mensch fürchtet und von dem jeder weiß, zumindest akademisch, daß er es eines Tages erfahren wird. Was hat man uns bei der Ausbildung in psychiatrischer Krankenpflege nicht alles über das Zusammentreffen von Gemütsbewegungen zum Schaden von Patient und Schwester erzählt! Und viel wurde davon geredet, daß man die eigenen Empfindungen kennen müsse, bevor man einem anderen bei den seinen helfen könne. Wie wahr!.

Aber für mich gilt, heute habe ich Furcht und jetzt muß ich sterben. Ihr betretet mein Zimmer und verlaßt es wieder, gebt mir Medikamente und prüft meinen Blutdruck. Liegt es daran, daß ich selbst eine Lehrschwester bin oder einfach nur ein Mensch, daß ich Eure Furcht empfinde? Und Eure Furcht beflügelt meine eigene. Warum habt Ihr Angst? Ich bin es doch, die stirbt!

Ich weiß, Ihr fühlt Euch unsicher, Ihr wißt nicht, was Ihr sagen oder was Ihr tun sollt. Aber glaubt mir bitte, wenn Ihr Euch sorgt, dann könnt Ihr gar keinen Fehler machen. Gebt einfach zu, daß Ihr Euch Sorgen macht. Das ist es in Wirklichkeit, wonach wir suchen. Es mag sein, daß wir Fragen stellen nach Warum und Wozu, aber wir erwarten nicht eigentlich Antwort. Lauft nicht weg, wartet! Alles, was ich wissen will, ist, daß da jemand sein wird, um meine Hand zu halten, wenn ich das nötig habe. Ich habe Angst. Der Tod mag für Euch eine Routine werden, aber er ist neu für mich. Vielleicht seht Ihr in mir nichts Einzigartiges, aber ich bin noch nie zuvor gestorben. Für mich ist *einmal* ziemlich einzigartig!

Ihr flüstert über meine Jugend, aber wenn jemand stirbt, ist er dann wirklich noch so jung? Ich habe eine Fülle von Dingen, über die ich gerne reden würde. Es würde wirklich nicht viel von Eurer Zeit beanspruchen, denn Ihr seid ohnehin oft in meinem Zimmer.

Wenn wir nur ehrlich kein könnten, wenn wir nur beide unsere Angst zugeben und einander berühren könnten. Wenn Ihr Euch wirklich Sorgen macht, würdet Ihr dann wirklich soviel von Eurer wertvollen Professionalität verlieren, wenn Ihr sogar mit mir weintet? Einfach von Person zu Person? Vielleicht wäre es dann nicht so hart zu sterben – in einem Krankenhaus mit Freunden zur Seite.

3. Kapitel
Sterben ist einfach, doch Leben ist schwer

Wir haben von der Schwierigkeit gesprochen, sich in dieser Gesellschaft mit dem Tod zu beschäftigen, und wir haben einige alternative Ansichten über den Tod dargelegt, die dazu beitragen könnten, ihn aus einer anderen als der gewohnten Perspektive zu verstehen. Aber wie dem auch sei – es ist nicht eigentlich das Sterben, was so schwer ist. Für das Sterben braucht man keine Fertigkeiten und keine besondere Einsicht. Jeder bringt es fertig. Zu leben ist schwer – zu leben, bis man stirbt, ob der Tod nun unmittelbar bevorsteht oder weit entfernt ist, ob man selber stirbt oder jemand, den man liebt. Die verschiedenen Anschauungen des Todes und des Sterbens im vorigen Kapitel veranlassen uns hoffentlich, ebensosehr über das Leben wie über das Sterben nachzudenken, etwa darüber, was wir vielleicht von den Gebräuchen und Ansichten anderer Kulturen lernen können, um für uns selbst und für diejenigen, die wir liebhaben, das Leben bis zum Tod sinnvoller zu gestalten.

In diesem Kapitel wollen wir wieder einen Blick auf den Tod in unserer eigenen Kultur werfen, aber von Gesichtspunkten her, die den Tod mehr akzeptieren und das Leben mehr bejahen, als es normalerweise geschieht. Von institutionellen und persönlichen Gesichtspunkten her wollen wir einige der Faktoren betrachten, die einen Beitrag zu einem erfüllteren Leben für die Sterbenden leisten können wie auch zu einem umfassenderen Akzeptieren und Verstehen des Todes durch diejenigen, die im Leben zurückbleiben. Im ersten Beitrag wird das »Leben-bis-zum-Tod-Programm« dargestellt. Dieses Programm ist eine Forschungsstudie zur Bestimmung der Faktoren, die von besonderer Bedeutung im Leben sterbender Patienten sind, und zur Anwendung dieser Ergebnisse, um Sterbenden zu helfen, ihr Leben mit mehr Freude und Frieden zu erfüllen. Der zweite Beitrag erläutert, welche Rolle die Beerdigung und alles, was damit zusammenhängt, in dem Prozeß spielen kann, durch den der Hinterbliebene zu Frieden und Einwilligung heranreift. Im dritten Beitrag kämpft eine Mutter mit ihrem Schmerz und wird reifer. Wir nehmen Anteil an ihren tastenden Versuchen, nach dem Tod ihres Sohnes ihre Empfindungen wieder in ein Gleichgewicht zu bringen. Der abschließende Beitrag dieses Kapitels zeigt endlich die fortgeschrittene Reife einer Schriftstellerin und eines Menschen, dem der Tod näherrückt. Die letzten Zeilen Dorothy Pitkins enthüllen einen Menschen, der trotz vieler schöpferischer Jahre noch immer über den Sinn des Lebens rätselt.

Was alle diese Beiträge, so verschieden sie sein mögen, zu verbinden scheint, ist die Notwendigkeit zur Wahrhaftigkeit und Direktheit. Man kann den Tod nicht zu akzeptieren lernen, wenn man ihn bestreitet und verleugnet. Man muß dem Tod gerade ins Gesicht sehen, wenn man sich konstruktiv mit ihm beschäftigen will. Schwer wird das immer sein, ob man nun selber stirbt oder einer, den man liebt, oder einer, der uns von Berufs wegen zur Pflege anvertraut ist. Keiner von uns kann das Ende des Lebens leichthin akzeptieren. Aber die Tatsache verschwindet nicht, wenn man sie ignoriert, und die wirkliche Herausforderung besteht darin, die Zeit, die man hat, voll zu leben. Eine der ersten Reaktionen auf den Tod ist bei vielen Menschen die Verzweiflung. Es ist an diesem Punkt einfach, das Leben aufzugeben, weil nicht mehr genug Zeit übrig zu sein scheint. Es ist schwierig, bringt aber großen Gewinn, wenn man lernt, das Gefühl der Verzweiflung abzuwerfen und an seine Stelle die Freude über die Möglichkeit zu setzen, wirklich zu leben, wie kurz es auch sei. Es ist sehr schwierig, zu lernen, sich wieder am Leben zu beteiligen, wenn man jemand, den man liebte, verloren hat. Aber nur dadurch kann man dem Tod dieses Menschen einen Sinn geben. Ich hoffe, daß die folgenden Beiträge helfen werden, besser zu verstehen, dem Tod die Stirn zu bieten und mit ihm fertigzuwerden, wenn er in unser Leben tritt.

Raymond G. Carey
Leben bis zum Tod
Ein Hilfs- und Forschungsprogramm für Todkranke

In diesem Beitrag erläutert der Autor eine Studie über todkranke Patienten. Die Absicht des Programms ist, herauszufinden, welche Faktoren voraussehen lassen, wer am besten mit dem Sterben fertig wird und wie man Angehörige der Heil- und Pflegeberufe dabei unterstützen kann, das Leben des sterbenden Patienten sinnvoller zu machen. Die Resultate stimmen mit den Informationen aus den verschiedenen anderen Quellen überein, die in diesem Buch vorgelegt werden. Beispielsweise legen die Ergebnisse nahe, daß man die sterbenden Patienten so weit wie möglich ihre Lebensweise und Gewohnheiten bestimmen lassen und daß ihr Leben möglichst weitgehend dem Leben gleichen sollte, das sie vor ihrer Krankheit führten. Das bezieht sich besonders auf ihre Beziehungen zu Menschen, die in ihrem Leben wichtig sind, und auf die Erlaubnis, so viel Zeit wie möglich in vertrauter und wohltuender Umgebung zu verbringen. Dieses Ergebnis stimmt gut mit der Beschreibung der inneren Ruhe im vorhergehenden Kapitel überein, mit der die Indianer Alaskas dem Tod entgegensehen, weil sie das Gefühl haben, wählen und entscheiden zu können. Wichtig ist auch, wie in vielen Beiträgen bestätigt wird, daß Patienten im allgemeinen beruhigter über ihr Schicksal sind, wenn sie das Gefühl haben, daß ihr Arzt ehrlich gewesen ist, jedoch ihnen nun beruhigend zur Seite steht. Ein entscheidender Faktor, der Ärzte und Schwestern angeht, die sich um sterbende Patienten kümmern, ist das Maß des Schmerzes, das ein Individuum empfindet. Ein emotionales Gleichgewicht aufrechtzuerhalten ist sehr schwierig, wenn man extreme Schmerzen hat. Auch davon ist in dem folgenden Beitrag eines Experten für Krankenhausseelsorge die Rede.

Es gibt noch andere wichtige Faktoren, und dieser Artikel gibt hilfreiche Ratschläge für Angehörige der medizinischen Berufe bei dem, was sie zur Hilfe beitragen können. Wer diesen Beitrag liest, versuche in Erinnerung zu behalten, was er schon gelernt hat, und achte auf Parallelen.

Das Leben-bis-zum-Tod-Programm

Menschen reagieren auf verschiedene Weise, wenn sie davon Kenntnis bekommen, daß ihre Lebenserwartung begrenzt ist. Einige vermögen anscheinend angemessen mit dem psychischen Schmerz fertig zu werden, der in der Form von Zorn, Depressionen, Angst oder unangemessenen Schuldgefühlen auftreten kann. Sie kommen derart emotional mit sich ins reine, daß sie die letzten Wochen und Monate ihres Lebens in innerlicher Ruhe leben können. Andere Patienten scheinen dagegen unfähig zu sein, mit diesem Schmerz umzugehen. Dem sterbenskranken Patienten kann per Definition nicht geholfen werden, sein physisches Wohlbefinden wiederzugewinnen. Man kann ihm aber helfen, sein Leben so furchtlos und intensiv wie möglich bis zu seinem Tod zu leben.

Um sterbenden Patienten in dieser Weise beizustehen, bedarf es eines genaueren Verständnisses der Faktoren, die sich auf die emotionale Anpassung beziehen. Welche Bedeutung kommt beispielsweise 1. der Menge der körperlichen Beschwerden zu, die der Patient erduldet, 2. den religiösen Vorstellungen und Glaubensinhalten, 3. den zuvor gemachten Erfahrungen mit Sterbenden, 4. der finanziellen Sicherheit, 5. dem Alter, 6. der Geschlechtszugehörigkeit und 7. der Bildung?

Darüber hinaus wäre es hilfreich, ein klares Bild der Bedrängnisse eines Sterbenden und der Art und Weise zu haben, in der diese Ängste mit dem Alter, der Geschlechtszugehörigkeit und den religiösen Werten einer Person verbunden sind. Das Leben-bis-zum-Tod-Programm wurde zur Erkundung dieser Fragen konzipiert.

Das Leben-bis-zum-Tod-Programm ist ein Forschungsprojekt, das in ein Dienstleistungsprogramm eingegliedert ist. Jeder Patient am Lutherischen Allgemeinen Krankenhaus erhält den Besuch eines Geistlichen, der darauf vorbereitet ist, dem Patienten wie seiner Familie verschiedene Amtshandlungen anzubieten:

Beratung, Gebet und Sakramente. Das Leben-bis-zum-Tod-Programm bestimmt nun, daß über die normale pastorale Fürsorge hinaus der Geistliche 1. seinen Dienst als Berater besonders dazu anbietet, um sich mit den Gefühlen des Patienten bezüglich seiner schweren Krankheit zu beschäftigen; 2. die hergestellte Beziehung in dem Fall, daß der Patient das Krankenhaus verläßt, aufrechterhält; 3. dem Patienten die Möglichkeit, anderen zu helfen, dadurch anbietet, daß er seine Empfindungen durch die Beantwortung eines mündlich vorgetragenen Fragenkatalogs oder durch die Herstellung einer Tonband- oder Video-Aufzeichnung mitteilt, wenn das möglich und angemessen erscheint.

Die Geistlichen, die an diesem Programm teilnehmen, beschäftigen sich nicht in erster Linie damit, den Patienten auf den Tod vorzubereiten, sondern ihm zu helfen, jeden Tag so freudig und friedlich wie möglich zu erleben. Sie versuchen auch, der Familie des Patienten dabei zu helfen, sich mit ihren Empfindungen derart auseinanderzusetzen, daß es dem Patienten und den Angehörigen Trost bringt.

Nur wenige quantitative Untersuchungen mit dem Ziel, die emotionale Anpassung an eine begrenzte Lebenserwartung zu prüfen, sind mit Patienten durchgeführt worden, die todkrank sind. Nahezu alle vorhergehenden Forschungen sind in der Weise einer Fallstudie vorgegangen. Die vorliegende Untersuchung versuchte, durch die Analyse quantitativer Daten die Faktoren zu identifizieren, die der emotionalen Anpassung eines todkranken Patienten, der seine Lage kennt, entsprechen.

Methode und Vorgehen

In diesem Forschungsprojekt wird eine todkranke Person als jemand definiert, dessen Krankheit derart ist, daß 1. der Tod wahrscheinlich innerhalb eines Jahres eintritt, wenn der schädliche Zustand anhält; und 2. für den Zustand des Patienten keine Therapie bekannt ist. Nur Patienten, denen der Ernst ihrer Lage bewußt war, waren Kandidaten für das Programm. Patienten, die sich der möglichen Tödlichkeit ihrer Erkrankung nicht bewußt waren, die im Sterben lagen oder die zu schwach waren oder zu sehr unter der Wirkung von Beruhigungsmitteln standen, wurden als Kandidaten für den Forschungsteil des Programms nicht in Betracht gezogen.

Das Beratungsangebot wurde vierundachtzig Kandidaten zwischen dem 15. Dezember 1972 und dem 31. Juli 1973 gemacht. Tabelle I gibt ein Profil dieser Patienten wieder. Auskünfte wurden von Geistlichen in der Ausbildung, von Oberschwestern und Ärzten eingeholt. Der Vorsitzende der Division of Pastoral Care wählte Geistliche aus, die unter der Führung des Projektleiters arbeiteten und Kontakt zu den vorgeschlagenen Kandidaten aufnahmen. Elf Geistliche (neun Lutheraner und zwei Katholiken) nahmen während einer Zeit von acht Monaten an dem Programm teil.

Die zentrale Forschungsmethode war die Analyse quantitativer Daten, die von Krankenhausgeistlichen über die Patienten erhoben wurden. Dazu wurden jeweils vier Interviews als Video- und Tonbandaufzeichnung mit Patienten über ihre hauptsächlichen Ängste und die Quellen ihrer Stärke gemacht. Diese Aufzeichnungen ermöglichten dem Projektleiter eine Bewertung der emotionalen Anpassung, unabhängig von der des beratenden Geistlichen. Sie halfen auch dabei, die Resultate der quantitativen Analyse zu interpretieren. Allerdings bildeten diese Aufzeichnungen nicht die hauptsächliche Forschungsmethode.

Maßeinheiten und statistische Analysen

Die hauptsächliche abhängige Variable in dieser Untersuchung war die Skala der emotionalen Anpassung (EA). Diese Skala sollte das Maß bestimmen, in dem ein todkranker Patient innerlich und äußerlich mit seiner begrenzten Lebenserwartung fertig werden konnte. Emotionale Anpassung umfaßt den Begriff des inneren Friedens und der Selbstbeherrschung, bedeutet aber nicht dasselbe wie Resignation, Hinnahme oder Verzweiflung an der Wiederherstellung.

Die EA-Skala setzte sich aus sechs Fragen zusammen, die der Geistliche auf der Grundlage der Aussagen und des Verhaltens des Patienten bewertete wie auch aufgrund von Informationen, die er vom Behandlungsstab und der Familie des Patienten erhielt. Die Fragen maßen die Anwesenheit oder Abwesenheit von Zorn, Schuldgefühlen, Angst und Depression, aber auch die Befähigung des Patienten, seine Empfindungen zusammen mit Familie und Freunden zu verbalisieren.

Tabelle I

Patientenprofile
Gesamtzahl – 84
Prozentzahlen in Klammern angegeben

		Anzahl	%
Beratungsangebot	angenommen	74	(88)
	abgelehnt	10	(12)
Geschlechts-zugehörigkeit	männlich	42	(50)
	weiblich	42	(50)
Personenstand	ledig	9	(11)
	verheiratet	57	(68)
	verwitwet	14	(17)
	getrennt lebend oder geschieden	4	(5)
Alter	13–19	3	(4)
	20–29	4	(5)
	30–39	8	(10)
	40–49	13	(16)
	50–59	22	(26)
	60 und darüber	34	(41)
Bildung	Volksschule	9	(13)
	Oberschule	31	(45)
	Universität	23	(33)
	wissenschaftlich tätig	6	(9)
	keine Angabe	15	–
Art der Erkrankung	Krebs	77	(92)
	andere Krankheiten	7	(8)
Religionszugehörigkeit	Lutheraner	18	(21)
	anderes protestantisches Bekenntnis	23	(27)
	Katholiken	31	(37)
	Juden	5	(6)
	ohne	7	(8)

Die Skala der körperlichen Beschwerden setzt sich aus fünf Teilen zusammen. Die Geistlichen schätzten die Stärke der Schmerzen des Patienten ein, seine körperliche Veränderung, seine Abhängigkeit von anderen, die Schwierigkeiten beim Essen und die Schwierigkeit beim Schlafen.

Die Beziehung zwischen Religion und emotionaler Anpassung wurde unter dem Aspekt der Religionszugehörigkeit, der religiösen Glaubensinhalte und der Qualität der religiösen Orientierung untersucht. Vier Kategorien religiöser Orientierung (RO) wurden herangezogen: innerliche und äußerliche Orientierung, unterschiedslos pro-religiöse und unterschiedslos nicht-religiöse Orientierung. Gordon Allport charakterisiert eine innerlich religiöse Person als jemanden, der die Verpflichtung zur Brüderlichkeit ernst nimmt, die ich-bezogenen Bedürfnisse zu transzendieren sucht, sein Dogma durch Demut mildert und nach den Lehren seines Glaubens zu leben scheint. Die äußerlich orientierte Person wird von Allport als jemand charakterisiert, der ich-bezogen an das Leben herangeht und sich um persönliche Sicherheit, sozialen Status und eine selbstgewählte Lebensweise bemüht. Diese Person versucht eher, die Religion zu benützen, als sie zu leben. Ihre Orientierung an der Religion ist eine utilitaristische.

In dieser Untersuchung wurde eine revidierte Form der ursprünglichen Allport-Skala benutzt, um die religiöse Orientierung zu messen. Das Maß der RO wurde durch die Summe der innerlichen und der äußerlichen Orientierung für jeden einzelnen Patienten errechnet. Die Patienten wurden als innerlich oder äußerlich orientiert klassifiziert, wenn sie den Durchschnittswert einer dieser Skalen überschritten, aber nicht den Durchschnittswert der anderen. Sie wurden als unterschiedslos pro-religiös eingestuft, wenn sie über dem Durchschnittswert auf beiden Skalen lagen, und als unterschiedslos nicht-religiös, wenn sie sich unter dem Durchschnittswert auf beiden Skalen befanden.

Zurückliegende Erfahrung mit Sterbenden wurde von drei Ausgangspunkten her analysiert: 1. ob der Patient jemals frei und offen mit jemandem über den Tod gesprochen hatte, von dem er wußte, daß er oder sie im Sterben lag; 2. ob er in der Nähe von jemandem gewesen war, der den Tod mit innerem Frieden akzeptiert hatte; und 3. ob er sich in der Nähe von jemandem befunden hatte, der gegen Ende seines Lebens zornig oder in Aufregung gewesen war.

Bewertungen des beruflichen Status, die wir vom nationalen Meinungsforschungszentrum erhielten, wurden als indirektes Maß der finanziellen Sicherheit benutzt.

Zusammenfassung der hauptsächlichen Ergebnisse

1. Welches waren die hauptsächlichen Faktoren, die eine emotionale Anpassung an eine begrenzte Lebenserwartung voraussagbar machten? Die wichtigsten Faktoren bei der Vorhersage einer emotionalen Anpassung waren der Grad der körperlichen Beschwerden, früherer enger Kontakte mit einem Sterbenden, religiöse Orientierung, das Gefühl, daß die nächsten Verwandten und der Geistliche am Ort stark interessiert und besorgt waren, und der Bildungsgrad.

Der Grad der körperlichen Beschwerden stand in negativer Beziehung zur emotionalen Anpassung. Das heißt, je größer die Beschwerden waren, die ein Individuum erduldete, desto weniger war es in der Lage, einen hohen Grad an emotionaler Anpassung aufrechtzuerhalten. Einen positiven Faktor in der emotionalen Anpassung bildete der Umstand, einer Person nahegestanden zu haben, die den Tod mit innerem Frieden akzeptierte, dagegen war es ein negativer Faktor, wenn man einem Sterbenden nahegestanden hatte, der zornig oder in Aufregung gewesen war. Weibliche Patienten, die zuvor mit einem anderen Sterbenden offen und frei über den Tod diskutiert hatten, verrieten eine viel größere Befähigung, mit ihrer eigenen tödlichen Krankheit fertig zu werden. Der wichtigste Aspekt der religiösen Variablen war die Qualität der religiösen Orientierung, nicht so sehr die bloße Religionszugehörigkeit, die verbale Akzeptierung oder die religiösen Glaubensinhalte. Innerlich religiöse Personen (die ihre Glaubensinhalte in ihren Lebensstil zu integrieren suchten) zeigten die weitestgehende emotionale Anpassung. Jedoch wiesen Christen eine höhere emotionale Anpassung auf als Nichtchristen. Auch bestand eine positive Beziehung zwischen dem Bildungsgrad und der emotionalen Anpassung, möglicherweise weil beide in Beziehung zur finanziellen Sicherheit stehen.

2. Welches waren die hauptsächlichen Ängste der sterbenden Patienten? Am häufigsten fand die Befürchtung Ausdruck, anderen eine Last zu sein. Zwei Drittel der Patienten äußerten große oder außerordentliche Angst wegen dieser Möglichkeit. Ungefähr 50 Prozent der Patienten drückten ihre große Sorge darüber aus, von denen, die sie liebten, getrennt zu werden, ihre Befürchtung, ob diese nach dem Tod des Patienten für sich selbst sorgen könnten, und die Angst vor einem schmerzvollen Tode. Die berichtenden Geistlichen weisen darauf hin, daß das Gefühl, das Leben habe keinen Wert oder keinen Sinn mehr, für viele die zugrundeliegende Besorgnis darstellte.

3. Was machten die Tonband- und Video-Aufzeichnungen bezüglich der emotionalen Anpassung deutlich? Eine Analyse der Interviews auf Tonband- und Video-Träger zeigt an, daß die folgenden Faktoren bei der emotionalen Anpassung wichtig sind: die Fähigkeit, in der Vergangenheit mit Streßsituationen fertig geworden zu sein, das Gefühl, ein sinnvolles und erfülltes Leben gelebt zu haben; ein inniges und stärkendes Verhältnis zum Ehepartner; Hoffnung auf ein freudeerfülltes Leben nach dem Tod; die Fähigkeit, offen über den Sinn und die Folgen der eigenen Krankheit zu sprechen; eine Erläuterung des eigenen Arztes, welche taktvolle Offenheit mit der Zusage von Hilfe verbindet; und das Gefühl, daß sich die eigenen Kinder und die nahen Freunde um einen kümmern. Befürchtungen wurden öfter über den Prozeß des Sterbens ausgedrückt als darüber, was nach dem Tod geschehen würde. Viele Patienten beschäftigte die Frage, wieviel Schmerz ihnen bevorstand, wie sie mit diesem Schmerz fertig werden könnten, wie abhängig und welche Last sie für andere werden würden.

Die Herstellung von Tonband- und Video-Aufzeichnungen schien eine sehr positive Wirkung auf die Stimmung der Patienten zu haben. In den meisten Fällen bat die engere Familie um eine Tonbandkopie des Gesprächs mit demjenigen, den sie liebten, und behauptete, großen Trost darin gefunden zu haben, der Aufzeichnung zuzuhören.

Bewertung und Vorschläge für die Pflege des Patienten

1. Welchen hauptsächlichen Herausforderungen sieht sich ein sterbender Patient gegenüber? Zuerst muß sich der Patient entscheiden, ob er die Realität des Sterbens akzeptieren oder zurückweisen will. Verleugnung schließt die Haltung ein: »Mir wird es besser gehen« trotz aller Informationen über das Gegenteil. Der Wunsch zur Gesundung mag auch im Falle des Akzeptierens gegenwärtig sein.

Zum anderen muß der Patient einen befriedigenden Sinn in seiner neuen Lebenssituation finden, das heißt im Schmerz, in der Hilflosigkeit, in den veränderten Beziehungen, in den Trennungen und Verlusten. Mit anderen Worten, er muß eine Antwort auf die bohrende Frage finden: »Was bin ich jetzt noch wert?« Wenn der Patient eine befriedigende Antwort auf diese Frage findet, hat er die emotionale Anpassung vollzogen, ob er nun im Stadium des Akzeptierens oder des Verleugnens ist.

2. Wo findet ein Patient die Hilfe, um eine emotionale Anpassung zu erreichen? Jeder Patient ist anders. Er findet Hilfe auf seine Weise, in seinen eigenen Ressourcen, und er ordnet die hilfreichen Kräfte in seiner eigenen Weise. Er gibt vier Quellen der Hilfe, die am häufigsten erwähnt werden: religiöser Glaube (Gott, Kirche, Geistliche); der Ehegefährte (oder ein anderes Familienmitglied); man selbst (indem man das Problem durchdenkt, es sich in Gedanken vorstellt); und ein Arzt, der geradeheraus und ehrlich ist, aber gleichzeitig bedachtsam in bezug auf die Fähigkeit des Patienten, sich mit seiner Diagnose zu beschäftigen.

3. Was kann der Geistliche tun, um Sterbenden beizustehen? Vor allem sollte der Geistliche lernen, wo der Patient emotional steht, und er muß die Empfindungen und Gedanken des Patienten respektieren und ihm helfen, seine eigenen Ressourcen, seien es religiöse oder auch nicht, zu finden und zu gebrauchen.

Er muß dem Patienten dadurch, daß er regelmäßig kommt, um mit ihm zu sprechen und ihm zuzuhören, zeigen, daß er sich um ihn kümmert. Er muß einfühlsam auf die wechselnden Stimmungen des Patienten reagieren.

Es ist wichtig, daß der Geistliche willens ist, andere bei der Hilfe teilnehmen zu lassen: Familienmitglieder, den Ortspfarrer des Patienten, Schwestern, Hilfskräfte und Sozialarbeiter. Die Besonderheit des Geistlichen liegt in der Beschäftigung mit den letzten Dingen (dem Sinn von Leben und Tod), aber andere Menschen werden einige Bedürfnisse des Patienten besser erfüllen als er.

Eine besondere Aufgabe des Geistlichen wird es sein, dem Patienten zur Einsicht zu verhelfen, daß einfach darin, wie jemand mit Leiden und Tod fertig wird, ein Sinn und ein Wert liegen kann. Jedoch darf der Geistliche nicht sich selbst, seine eigenen Ideen, seine eigenen Empfindungen oder Lösungen in den Vordergrund schieben. Der Inhalt seiner Beratung muß von den Bedürfnissen und Wünschen des Patienten geleitet werden. Der Patient muß den Eindruck haben, daß seine eigene Weise, sein eigener Stil, sich mit dem Sterben zu beschäftigen, von dem Geistlichen akzeptiert wird, obgleich der Geistliche bereit ist, dem Patienten bei der Suche nach Alternativen zu helfen, wenn er es wünscht. Der Geistliche sollte bereit sein, an seinem eigenen

Glauben und seinen Hilfsmitteln wie dem Gebet, der Heiligen Schrift, der Kommunion Anteil nehmen zu lassen, wenn der Patient nach ihnen verlangt.

Des weiteren ist es wichtig für den Geistlichen, das Vertrauen und die Mitarbeit der Ärzte zu fördern. Er sollte es vermeiden, mit Patienten über medizinische Fragen zu sprechen. Er sollte auf der Pflegestation anwesend sein, wenn der Arzt da ist, und er sollte den Arzt fragen, wie der Patient nach seinem Empfinden mit seiner Krankheit umgeht und wie der Geistliche helfen könnte. Andererseits sollte der Geistliche nicht zögern zu sagen, was er tun zu können glaubt. Es empfiehlt sich, den Arzt über die Aktivitäten des Geistlichen ständig zu informieren, entweder durch schriftliche Eintragungen, durch Eintragungen im allgemeinen Teil des Krankenblattes des Patienten oder durch persönlichen Besuch beim Arzt.

4. Wie kann die Familie dem Patienten bei der emotionalen Anpassung helfen? Die Familie kann am besten helfen, indem sie, wenn es die Umstände erlauben, seine emotionale und soziale Umgebung aufrechterhält, die mit dem vergangenen Lebensstil des Patienten übereinstimmt. Das heißt insbesondere, daß sie den Patienten nicht ins Krankenhaus oder ins Pflegeheim bringt, sondern zu Hause behält, wo er so normal wie möglich essen und schlafen kann. Außer wenn der Patient nicht mehr geistig wach ist, sollte die Familie ihn als Teilnehmer an Diskussionen und Entscheidungen über seine Pflege und sein Wohlbefinden einbeziehen. Es ist für die Familie wichtig, alles in ihren Kräften Stehende zu tun, ihre Liebe und Sorge zu zeigen, ohne dem Patienten dabei Schuldgefühle zu vermitteln, weil er glaubt, daß er ihnen zur Last fällt.

Familienmitglieder, die dem Tod in ihrem eigenen Leben nicht entgegentreten können und diese Furcht auf den, den sie lieben, projizieren, können den Patienten bei seiner Anstrengung behindern, seinen eigenen psychischen Schmerz zu bewältigen. Diese Haltung kann es auch für den Arzt schwierig machen, ehrlich mit seinem Patienten zu sein, und für den Geistlichen, erfolgreich Rat zu geben. Wenn der Patient bereit ist, die Realität des Sterbens zu akzeptieren, muß die Familie bereit sein, sich an seiner Einwilligung zu beteiligen.

5. Was können Ärzte tun, um dem Patienten bei der emotionalen Anpassung zu helfen? Es scheint wenig Zweifel darüber zu geben, daß die meisten Menschen von ihren Ärzten die Wahrheit hören wollen. Nur eine Patientin in dieser Studie äußerte Zorn über ihren Arzt, weil er sie über ihre begrenzte Lebenserwartung informiert hatte. Jedoch ist die Weise, in der die Information gegeben wird, entscheidend. Anscheinend wird sie am besten persönlich gegeben und nicht durch das Telefon; dazu sollte dem Patienten Zeit gelassen werden, seine Empfindungen auszudrükken und Fragen zu stellen. Falls möglich, scheint es empfehlenswert für den Arzt, seinen Patienten allmählich vorzubereiten, etwa dadurch, daß er ihn wissen läßt, daß die Möglichkeit des Krebses besteht und daß er gleichzeitig die beabsichtigten Behandlungen für den Fall beschreibt, daß der Verdacht sich bestätigt. Patienten wünschen Sicherheit darüber, daß ihr Arzt in ihrem Fall nicht aufgibt.

Ärzte könnten der Forderung der Familie, die Wahrheit vor dem Patienten zu verbergen, nur zu leicht zustimmen. Sterbende Patienten und ihre Familien zu beraten, braucht viel Zeit und ist für Ärzte oft sowohl finanziell als auch emotional wenig lohnend. Wenn der Arzt den Eindruck hat, daß er weder die Zeit noch die Ausbildung hat, dem Patienten und seiner Familie erfolgreich mit Rat zur Seite zu stehen, dann tut er gut daran, sie an jemanden zu verweisen, der diesem Bedürfnis begegnen kann. Überweisungen an Krebsspezialisten oder Strahlentherapeuten können bisweilen als Ausflucht benutzt werden, um dem Bedürfnis nach Rat nicht begegnen zu müssen.

Diese Studie zeigt, daß die richtige Handhabung von schmerzlindernden Medikamenten ein sehr bedeutender Faktor bei der emotionalen Anpassung ist. Der Faktor Nummer eins, der die emotionale Anpassung vorhersehbar macht, ist ein niedriger Grad körperlicher Beschwerden. Angst darüber, wie stark der Schmerz sein wird und wie gut man ihn ertragen kann, steht auf der Liste der Sorgen des Patienten obenan. Ein Patient wird zu größerem Frieden gelangen, wenn er weiß, daß sein Leiden auf einem erträglichen Maß gehalten werden wird.

Schließlich sollten Ärzte den Willen haben, die Hilfe von Geistlichen und anderem außermedizinischen Personal zu suchen oder zu akzeptieren. Der Patient hat viele Bedürfnisse. Niemand, auch nicht der Arzt, kann Experte für alle Bedürfnisse sein.

6. Werden Gemeindepfarrer in Krankenhäusern gebraucht, in denen es eine angemessene Zahl von gut ausgebildeten Geistlichen gibt? Gemeindepfarrer bilden ein Komplement zum Dienst von Krankenhausgeistlichen bei der Hilfe für sterbende Patienten, besonders dann, wenn sie in der Vergangenheit eine gute Beziehung zu dem Patienten hatten. Die Beziehung besteht bereits. Der Besuch bei Patienten und das Bringen der Sakramente zu jenen, die Wert auf diesen Dienst legen, vermittelt ein stärkendes Gefühl der Liebe und der Fürsorge. Ein naher Kontakt zur Familie des Patienten während der Zeit der tödlichen Erkrankung ermöglicht einen erfolgreicheren Dienst an ihnen in der Zeit der Totenwache und der Begräbnisgottesdienste, aber auch in den Monaten, die auf den Tod des Patienten folgen. In diesen Zeiten hat die Familie normalerweise nicht ihren Arzt oder den Krankenhausgeistlichen zur Verfügung, um sich wegen Stärkung und Trost an ihn zu wenden. Viele Patienten berichteten, daß sie den Dienst des Krankenhausgeistlichen wie ihres Gemeindepfarrers schätzten.

7. Wie können Schwestern zur emotionalen Anpassung des Patienten beitragen? Bei der Hilfe zur emotionalen Anpassung sind Schwestern im Nachteil, weil sie normalerweise nicht schon zuvor eine Beziehung zu dem Patienten hatten, die die Ärzte und der Gemeindepfarrer möglicherweise haben, außerdem haben sie normalerweise nicht die Beratungsfähigkeiten eines ausgebildeten Geistlichen. Jedoch sind Schwestern oft in Augenblicken der Krise und der Depression zur Stelle, wenn andere nicht sogleich zur Hand sind. Das gilt besonders für die Nachtzeit oder für Krankenhäuser, in denen die pastorale Versorgung ungenügend ist. Größeres Gewicht gewinnen Schwestern bei der Beratung von Patienten, die keine nahen Verwandten haben oder nur eine oberflächliche und schwache Beziehung zu ihren Ärzten oder dem Gemeindepfarrer.

Schwestern können am besten helfen, indem sie auf die feinen Hinweise, auf die Empfindungen des Patienten achten und den Versuch machen, sich seiner Stimmung anzupassen, anstatt vorauszuplanen, was sie beim Betreten seines Zimmers sagen wollen, um den Patienten aufzumuntern.

8. Wie können Sozialarbeiter und Hauspflegepersonal helfen? Die am häufigsten von sterbenden Patienten geäußerte Befürchtung war in dieser Studie die Besorgnis, anderen zur Last zu fallen. Der Sozialarbeiter und das Hauspflegepersonal können dieses bedeutende Hindernis für die emotionale Anpassung dadurch entfernen, daß sie dem Patienten und seiner Familie Informationen und Hinweise auf zur Verfügung stehende Hilfen liefern, wenn der Patient das Krankenhaus verläßt. Es gibt auch

Zeiten, in denen es möglich und passend ist, daß sie in einer beratenden Rolle beistehen.

9. Wie kann eine Person sich darauf vorbereiten, mit tödlicher Krankheit fertig zu werden? Die Ergebnisse dieser Studie zeigen, daß eines der wichtigsten Dinge, die jemand zu seiner Vorbereitung tun kann, um mit einer tödlichen Krankheit fertig zu werden, darin besteht, die Chance zu nützen, in der Nähe von jemandem zu sein, der gegenwärtig seiner tödlichen Krankheit mit innerem Frieden standhält. Frei über den Tod und das Sterben zu reden, kann nicht nur eine Hilfe für den Patienten sein, seine eigenen Empfindungen zu ordnen, sondern kann auch dem anderen dabei helfen, sich emotional anzupassen, wenn er sich eine unheilbare Krankheit zuzieht.

Wenn jemand der hauptsächliche Geldverdiener einer Familie ist, scheint es angeraten, finanziell vorauszuplanen, so daß die von ihm Abhängigen im Falle plötzlicher Krankheit in Sicherheit sind. Das Entfernen finanzieller Sorgen beseitigt ein Hindernis auf dem Weg zur emotionalen Anpassung.

Es kann die Möglichkeit von Schuldgefühlen und Besorgnissen über den Zorn Gottes verringern, das Vertrauen auf Gottes liebevolle Fürsorge vergrößern und eine wohlbegründete Hoffnung auf ein Leben des Glückes nach dem Tod im Fall einer tödlichen Erkrankung bestärken, wenn man religiöse Glaubensvorstellungen heute in den eigenen Lebensstil einbezieht.

Schließlich bildet es eine solide Stütze im Angesicht des Todes, wenn man tiefreichende und liebevolle Beziehungen zur Familie und zu Freunden pflegt.

10. Gibt es kritische Zeiten, in denen die Beratung mit Wahrscheinlichkeit erfolgreicher ist als zu anderen? Die Zeit, in der der Patient am meisten des Rates zu bedürfen scheint und in der eine effektive Beratung am wahrscheinlichsten ist, liegt kurz nach dem Zeitpunkt, an welchem dem Patienten bewußt geworden ist, daß er eine unheilbare Krankheit hat und daß der Tod eine Möglichkeit in nicht allzu ferner Zukunft ist. Sehr oft wird die ganze Schwere dieser Erkenntnis kurz vor oder nach einer Operation begriffen. Es erscheint angeraten, sich mit den Empfindungen des Patienten zu beschäftigen, kurz nachdem ihn der Arzt über seine Lage informiert hat. Es ist leichter, Zorn, Verbitterung oder Depression zu verhindern, als dem Patienten dabei zu helfen, diese Gefühle zu überwinden, wenn sie einmal Wurzeln geschlagen haben. Wenn man wartet, bis der Patient sehr schwach ist oder

der Tod nahe bevorsteht, bevor man den Gemeindepfarrer oder den Krankenhausgeistlichen ruft, dann wird sein Dienst schwieriger, sowohl was die Beratung des Patienten angeht als auch was die Eröffnung einer gesünderen Beziehung zwischen dem Patienten und seinen Angehörigen betrifft.

11. Ist es ratsam, einen Geistlichen ausschließlich mit Todkranken arbeiten zu lassen? Die Vorteile, einen Geistlichen zu haben, der ausschließlich mit Todkranken arbeitet, scheinen die Nachteile aufzuwiegen. Ein spezialisierter Geistlicher kann bei Ärzten und beim Pflegepersonal leichter Vertrauen und Zuversicht hervorrufen. Ärzte und Schwestern rufen nur zögernd einen Geistlichen zur Beratung ihres Patienten, der sich in einem solchen empfindlichen Bereich befindet, außer sie haben klare Kenntnisse seiner Ziele, seines Beratungsstils und ein Bewußtsein seiner Kompetenz, die er in der Vergangenheit bewiesen hat. Die Spezialisierung auf tödliche Krankheiten erleichtert es auch dem Geistlichen, Wissen und Selbstvertrauen zu gewinnen. Es gibt mögliche Nachteile. Beispielsweise besteht die Gefahr, daß Patienten und Angehörige negativ reagieren oder alle Hoffnung aufgeben können, wenn sie wissen, daß sie von einem Geistlichen besucht werden, der nach den »hoffnungslosen« Fällen sieht. Auch erhebt sich die Frage, ob ein Geistlicher nur mit sterbenden Patienten arbeiten kann und dabei nicht Gefahr läuft, selber depressiv zu werden.

12. Welches waren die Hauptprobleme, denen in diesem Programm begegnet werden mußte? Die Hauptunterstützung ebenso wie die hauptsächlichen Schwierigkeiten kamen von den Ärzten. Der Präsident des medizinischen Stabes, die Leiter der Abteilungen und einige teilnehmende Ärzte unterstützten das Programm außerordentlich. Es war schwierig, die Mitarbeit, die Unterstützung und das Vertrauen vieler Ärzte zu gewinnen. Einige reagierten feindlich auf jede Erwähnung eines Forschungsunternehmens mit Todkranken. Andere waren dem Programm gegenüber gleichgültig. Es bedeutete nur noch eine Person mehr auf ihrem schon überfüllten Zeitplan, mit der sie sich unterhalten mußten. Einige hatten unzutreffende Informationen über die Art des Fragebogens und wie er angewendet wurde.

Ein weiteres Problem lag in der Schwierigkeit, zu entscheiden, wer Kandidat für die Untersuchung sein sollte. Es war in einigen Fällen nicht klar, ob Patienten als tödlich krank bezeichnet werden konnten. In anderen Fällen war es nicht klar, ob dem

Patienten deutlich gesagt worden war, daß seine Krankheit unheilbar war.

13. Ist es ethisch vertretbar, an todkranken Patienten Forschungen vorzunehmen? In dieser Studie wurden sterbende Patienten nicht um irgendeines Forschungszieles willen benutzt; vielmehr versah man sie mit dem hochqualifizierten Dienst von Geistlichen, die gleichzeitig die Patienten einluden, solche Informationen zu liefern, die zu einem deutlicheren Verständnis von Patienten in der gleichen Situation führen könnten. Das entspricht weitgehend der Haltung von Ärzten, die die beste ihnen mögliche Pflege geben und gleichzeitig sorgfältige Verzeichnisse der Wirkungen neuer Drogen und Behandlungsweisen zusammenstellen. Von keinem Patienten wurde jemals verlangt, etwas gegen seinen eigenen Willen zu tun.

Roy und Jane Nichols
Begräbnisse
Eine Zeit der Trauer
und der Reife

Wir haben gerade die Frage nach dem Leben bis zum Tod untersucht – die Frage danach, welche Faktoren es am meisten ermöglichen. Aber was ist mit dem Leben nach dem Tod, mit der Bewältigung des Schmerzes und des Schocks, der den Tod von jemandem, den man liebt, begleitet? Welche Faktoren haben Einfluß auf diejenigen, die zurückblieben und die lernen müssen, sich selbst wieder ins Leben einzubringen? Der folgende Beitrag geht auf die Frage ein.

Wenn man an ein Begräbnis und die voraufgehenden Vorbereitungen denkt, welches Bild hat man vor Augen? – Einen Körper, der künstlich zurechtgemacht ist, um »natürlich« auszusehen? Höfliche und unaufrichtige Menschen? Daß man die Tränen zu unterdrücken sucht, weil »ein Erwachsener nicht weint«? Heuchlerische und sinnlose Gottesdienste? Unpersönliche und teilnahmslose Menschen? Dies sind einige der typischen Reaktionen, die die meisten Menschen auf Begräbnisse und all das, was sie begleitet, haben. Begräbnisse sind für viele Menschen zu sinnlosen und beunruhigenden Ritualen geworden. Dagegen zeichnet das Ehepaar Nichols ein bewegendes und dramatisches Bild dessen, was ein Begräbnis sein sollte – eine Zeit, ein letztes Lebewohl zu sagen; anzufangen, sich durch den Schmerz hindurchzuarbeiten; den Tod wirklich werden zu lassen, indem man sich aktiv an den Vorbereitungen und am Beerdigungsgottesdienst beteiligt; sich wieder am Leben zu beteiligen und reifer zu werden durch diese Erfahrung.

Wie bei vielen Dingen, die in diesem Buch dargelegt werden, ist das, was wirklich wirksam ist, das Gegenteil von dem, was wir erwarten. Gewöhnlich hindern wir die Hinterbliebenen daran, der

Realität des Todes dessen, den sie liebten, gegenüberzutreten; wir nehmen ihnen alles ab und laden sie ein, nur zuzusehen. Und dadurch zwingen wir sie, ihre Trauer zuzudecken. Wir vergrößern und erweitern ihren Schmerz und machen es zunehmend schwierig für sie, sich mit dem Tod auseinanderzusetzen. In dem folgenden Beitrag bieten die Autoren eine Alternative zu dieser Art von gutgemeinter Täuschung an. Ich kann nur wünschen, wir hätten alle das Glück, solch liebevolle und verständnisvolle Menschen zu finden, die uns helfen, wenn der Tod in unsere Familien kommt.

Tod und Trauer sind des Menschen Fluch oder Ruhm, beides hängt ganz von seiner bewußten Einstellung dazu ab.

Am 9. März 1973, am Geburtstag meiner Mutter, starb mein Vater. Ich hielt seine Hand in der meinen. Er hatte zwei Jahre zuvor einen Schlaganfall gehabt und einen weiteren gerade eine Woche vor seinem Tod. Meine Mutter, mein Bruder und ich saßen an seinem Krankenhausbett: unfähig zu helfen. Ich haßte die Szene, aber ich hätte nicht anderswo sein wollen. Ich hatte den überwältigenden Wunsch, das ganze Schauspiel zu beenden, wegzulaufen, mich zu verstecken, so zu tun, als ob es nicht wahr sein könnte. Aber Vaters Tod paßte zu seinem Leben. Es war an der Zeit für ihn. Man hatte angenommen, daß sich ereignen werde, was sich da ereignete. Ich mußte mich dauernd daran erinnern. Solche Hilflosigkeit und Verzweiflung habe ich zu keiner anderen Zeit empfunden. Als er starb, weinten wir.

Weil ich mehr als zehn Jahre lang Bestattungsunternehmer gewesen, weil ich mehr als hundert Kilometer von meinem Geschäft entfernt war und weil das Krankenhaus wollte, daß Vaters Leichnam umgehend aus dem Krankenhaus entfernt wurde, rief ich einen mir bekannten Bestattungsunternehmer herbei, der nur drei Häuserblocks entfernt wohnte. Ich wartete bei Vater.

Die Männer kamen mit einem Behälter – Männer, die ich noch niemals gesehen hatte. Sie kannten weder mich noch meinen Beruf. Meine Gefühle ließen keinen Raum für Erklärungen, daher bat ich sie einfach, beiseite zu gehen. Es war mein Vater, und ich wollte es tun. Zögernd gehorchten sie, und ich nahm den Deckel vom Behälter, brachte ihn in die richtige Position und nahm Vaters schlaffen Körper in meine Arme. Es war meine Aufgabe. Ich war sein Sohn. Es war unsere Liebe.

Ich hatte ein Gefühl der Fahnenflucht, als ich die beiden Fremden beobachtete, wie sie die Halle hinunter mit Vater verschwanden. Vater hatte sie nicht gekannt.

Einer meiner besten Freunde, ein Beerdigungsunternehmer aus dem Nachbarort, sieben Kilometer von meinem entfernt, kam, um Vater abzuholen, und besorgte die Einbalsamierungsarbeiten zur Vorbereitung des Begräbnisses. Ich erledigte das übrige – die Sterbeurkunde, die Anzeige in den Zeitungen, den Friedhof, den Geistlichen, die Kirche, die Familie, die Freunde, Nachbarn, all die zahlreichen Einzelheiten, die die Aufgabe eines Bestattungsunternehmers begleiten. Nun begriff ich, daß ich eine doppelte Rolle ausfüllte: als Bestattungsunternehmer und als Sohn. Ich mußte nicht unbedingt ein Bestattungsunternehmer sein, aber ich mußte ein Sohn sein; und ich wollte mich um alle Einzelheiten selber kümmern – es war mein Vater, es war unsere Liebe, es war mein Gefühl, es war die Aufgabe eines Sohnes.

Meine Mutter, mein Bruder, meine Schwester, ich selbst und unsere Ehegefährten beteiligten sich in den folgenden Tagen in hohem Maß. Wir drei Kinder hatten mehrere Jahre hindurch keine engverknüpfte Familie gebildet; meine Schwester lebte in Kalifornien, mein Bruder in New Jersey und ich in unserer Heimat Ohio. Aber dadurch, daß wir viele Einzelheiten durchgehen mußten und gemeinsam Anteil nahmen an Verantwortlichkeiten, Empfindungen und einem Gefühl der Zusammengehörigkeit, erlebten wir wieder etwas von der Nähe, die wir in der Kindheit zueinander hatten. Vater würde stolz gewesen sein, wahrscheinlich ist er es. Mutter ist stolz.

Spät am Abend des Tages vor dem Begräbnis trafen durch Zufall unser Geistlicher, ein anderer uns eng befreundeter Geistlicher und ein Priester, den wir hoch schätzten, im Bestattungshaus mit etwa dreißig bis vierzig Freunden zusammen. Wir begingen einen einleitenden Gebetsgottesdienst – er fand ganz einfach statt. Wir waren in einem Kreis versammelt, der einige Blumen und Vaters Leichnam in seinem Sarg umschloß, und einige von uns teilten den anderen ihre tiefsten Empfindungen über Vaters Leben und Tod und ihre eigene Ansicht über Sterblichkeit und Unsterblichkeit mit. Es war sehr tröstlich.

Meine Familie tat eine Fülle anderer Dinge: Wir verstauten Vater in seinem Sarg (es klingt hart, aber so war es wirklich) und schlossen ihn; wir trugen ihn selbst zur Kirche. Mein Bruder, meine Schwester und ich trugen Vater zu seinem Grab, wir senkten ihn hinein mit Seilen und unserer eigenen Muskelkraft. Wir schlossen die Gruft und schaufelten die Erde selber. Wir selber schlossen sein Leben ab.

Ich habe Vater niemals gefragt, wen er bei sich zu haben wünsche, wenn er sterbe. Aber hätte ich es getan, ich bin sicher, er hätte geantwortet: »Die Menschen, die ich am meisten liebe.« Wir waren glücklicherweise in der Lage, fast alles selber zu tun – für uns, für unsere Bedürfnisse, für unseren Frieden; und unsere Trauerarbeit nahm sogleich einen guten Anfang.

Später, Wochen später, wurde mir allmählich klar, was geschehen war und warum das alles möglich gewesen war. Als Beerdigungsunternehmer besaß ich alle die Fertigkeiten, Werkzeuge, das Wissen und den Sachverstand. Während ich in dem Kontext meines Berufes als Bestattungsunternehmer meine Funktion ausübte, handelte ich tatsächlich nach meinen Bedürfnissen und Verantwortlichkeiten als Sohn. Es war meine Aufgabe! Ich konnte es einfach nicht erlauben, daß Fremde dabei Aufgaben übernahmen.

Aber war ich nicht als Beerdigungsunternehmer Hunderte von Malen zuvor der Ausführende gewesen? Wie viele andere Söhne waren in einer Leere zurückgeblieben, weil ich alles auf mich nahm und sie nur wenig. Bei der persönlichen Erfahrung des Todes meines Vaters begann die Aufarbeitung meiner Trauer sofort, weil ich die Gelegenheit hatte, mich durch viele der letzten fürsorglichen Einzelheiten seines Todes und Begräbnisses hindurchzuarbeiten. Ich hatte die Gelegenheit gehabt, Anteil zu nehmen, auf jeder Stufe einbezogen zu sein. Wie viele Söhne, Töchter, Eltern und Ehepartner hatte ich bei der Aufarbeitung ihres Schmerzes behindert, weil ich alle Aufgaben für sie erfüllt hatte, als Handelnder ihre Rolle als fürsorgende Familienmitglieder usurpiert hatte. Wie viele Male hatte ich eine Entscheidung für eine Familie getroffen, ohne nach ihrer Meinung zu fragen, weil ich annahm, »sie könnten es nicht ertragen«. Sie haben ein Recht, gehört zu werden. Ihre Bedürfnisse, Reaktionen und früheren Erfahrungen müssen im Zentrum stehen. Sofort danach veränderte sich meine Rolle bei Begräbnissen dahin, daß ich nur für Erleichterung sorgte, und dabei ist es geblieben. Als ein für Erleichterung sorgender Beerdigungsunternehmer brauche ich keine Begrenzungen aufzuerlegen. Ich bin offen für die Situationen, in denen Menschen eine Beteiligung brauchen und wünschen an der letzten Möglichkeit, für ein wichtiges Familienmitglied oder einen Freund, der gestorben ist, physisch zu sorgen.

Junge Menschen suchen anscheinend am meisten nach dieser Möglichkeit. Vielleicht liegt das daran, daß wir in einer Generation aufgewachsen sind, in welcher der Tod etwas Unbekanntes ist. Vielleicht liegt es daran, daß so vieles in ihrer Welt künstlich hergestellt und unwirklich ist. Vielleicht liegt es daran, daß sie es gelernt haben, die Fesseln des Materialismus abzuwerfen und persönliche, bedeutungsvolle und sinnvolle Erfahrung zu suchen. Vielleicht liegt es daran, daß sie noch nicht den Vorzug hatten, früher realistische Erfahrungen mit dem Tod zu machen. Aus welchem Grund auch immer, sie haben anscheinend den Wunsch, an der Erfahrung des Begräbnisses beteiligt zu werden.

Denken wir an Butchie, den zweijährigen Jungen, der in einem benachbarten Teich ertrank. Sein Leichnam wurde zum nächstgelegenen Krankenhaus gebracht, und die Eltern, neunzehn und zweiundzwanzig Jahre alt, saßen vom Schock wie betäubt, starrten in eine Tasse Kaffee und beobachteten den Rauch einer Zigarette.

Fast vierundzwanzig Stunden später geriet ein Nachbar zufällig in diese Situation hinein, und wir wurden herbeigerufen. Wir waren uns bewußt, daß während eines großen Teiles der Zeit bei diesem ersten Treffen die Eltern Butchies in Gedanken abwesend waren. Sie waren nicht dabei; sie konnten es nicht glauben; sie wünschten, irgendwo anders zu sein. Wir waren von der Härte ihres Verleugnens und ihrer Betäubung betroffen und, ausgerüstet mit dem, was Vaters Tod uns gelehrt hatte, sagten wir einfach: »Wenn Sie Butchies Kleidung zum Beerdigungsinstitut bringen, sagen Sie uns doch, ob Sie Butchies Leichnam anziehen wollen oder nicht. Sagen Sie es uns nicht jetzt, denken Sie darüber nach und sagen Sie es uns dann.«

Drei Stunden später kamen sie, und Carol sagte, daß sie ihren Sohn anziehen wollten. Wir saßen auf dem Fußboden und redeten eine ganze Zeit mit ihnen, um sie auf das vorzubereiten, was sie tun wollten. Es würde weh tun. Daher laß es weh tun. Eines Tages würden sie begreifen, dann würde es in Ordnung sein. Aber nicht heute.

Sie brauchten über zwei Stunden, um Butchie anzuziehen. Wir starrten uns an, wir fluchten, wir weinten, wir redeten, wir entschuldigten, wir teilten mit, wir untersuchten eindringlich, wir brauchten Zeit. Gemeinsam fanden wir vier unseren Weg aus dem Schock und dem Unglauben heraus und zum Anfang einer emotionalen Einwilligung in das, was geschehen war. Als Freunde ankamen, befanden sich Carol und Charles in einem Zustand der Ruhe mit sich selbst, sie hatten gewaltige Aufwallungen des Gefühls ausgestanden und waren bereit, die Zuneigung, die Besorgnis und die Unterstützung ihrer Gemeinschaft anzunehmen. Der Schock, das Verleugnen und eine gewisse Feindseligkeit lagen hinter ihnen, und die Aufarbeitung ihres Schmerzes geriet in Bewegung.

Das Begräbnis – jene wenigen Tage, die dem Tod folgen – verfolgt viele Zwecke. Einer der wichtigsten Zwecke liegt darin, die Aufarbeitung des Schmerzes zu erleichtern. Diese Aufarbeitung beginnt mit dem Akzeptieren, mit dem Sichstellen. Menschen müssen sich mit der Realität des Todes auseinandersetzen. Dieses Akzeptieren darf sich nicht nur im Verstande ereignen, es muß auch emotional sein. Was den Anschein des Akzeptierens hat, kann täuschen und sehr zerstörerisch wirken, wenn das Akzeptieren nur eine Sache des Intellekts war.

Als Russ im Alter von dreiundvierzig Jahren schnell und unerwartet in den Armen Carols in ihrem Hause starb, nahm Carol, die eine im Berufsleben stehende, energische und lebhafte Frau ist, Beruhigungsmittel, um dem Schmerz zu entgehen. Ein berufsmäßiger Fürsorger verordnete weitere Beruhigungsmittel für dieses Ereignis mit dem Rat: »Wir werden doch nicht über diese Dinge weinen, nicht wahr?«

Sie und ihre drei Kinder taten es nicht. Sie waren so tapfer, so stark. Sie nahmen ihre Kräfte zusammen gegen die steigenden Wellen ihrer Emotionen und machten ihr Haus zu einem Heiligtum, damit Russ weiter mit ihnen leben könnte. Etwa achtzehn Monate nach Russ' Tod rief uns Carol verzweifelt zu sich. Sie litt unter einer psychosomatischen Krankheit und unter Wahnvorstellungen, sie hatte beträchtlich an Gewicht verloren, sie war unglücklich und zornig.

Als wir Carol in ihrem Haus in einer entfernten Stadt besuchten, trug sie ein blaues Kleid, ihr Haus war in einem blauen Farbton ausgestattet, und in der Auffahrt stand ein blaues Auto. Natürlich war Blau Russ' Lieblingsfarbe gewesen. Seine Kleidungsstücke waren noch da, sein Rasierzeug, seine Rauchutensilien und sein Lehnstuhl. In jedem Zimmer war ein Bild von ihm; das Haus war zur Gedenkstätte für Russ geweiht.

»Wann wirst du Russ sterben lassen?« fragten wir. »Ich will nicht, daß er stirbt«, antwortete sie. »Aber er ist tot.« »Ich weiß,

daß er tot ist, aber ich will nicht, daß er stirbt.« Mit dem Verstand
wußte sie, daß sich sein Tod ereignet hatte; ihr Gefühl aber verleugnete es.

Ihre unmittelbare anfängliche Reaktion des Schocks und des
Verleugnens hatte sich zu einem zerstörerischen Alptraum entwickelt, weil sie niemals die Gelegenheit ergriffen hatte, ihren
Verlust wirklich werden zu lassen. Sie war ruhiggestellt worden
durch eine Kombination von Medikamenten, wenig einfühlsamen
Fürsorgern und einer Einstellung zum Tode, welche das Verleugnen erlaubte. In den achtzehn Monaten war sie bei drei Be-
ratern gewesen, war unfähig gewesen, ihren Beruf beizubehal-
ten, aber niemand hatte sie vorsichtig und liebevoll aus ihrem
Schock und ihrem Verleugnen herausgezogen zurück in die
wirkliche Welt.

Emotionales Akzeptieren benötigt Zeit und Mühe und Schmerzen und Verwundungen. Fürsorger, seien es professionelle oder
Laien, meinen oft fälschlicherweise, den Trauernden vor Schmerz
schützen und beschirmen zu müssen; damit dehnen sie den
Schmerz nur aus und verschieben ihn auf ein späteres Datum.
Wir können den Schmerz nicht beseitigen. Wenn aber der
Trauernde sich aus der Wirklichkeit zurückziehen möchte (wer
wollte es nicht?), dann besteht oft ein großer Unterschied zwischen dem, was die Menschen wünschen, und dem, was ihnen
nottut. Wir müssen uns alle der extremen Gefahren eines aufge-
schobenen, umgangenen Trauerschmerzes bewußt sein und müssen die Fertigkeiten, die Offenheit und die Einstellung des Akzeptierens entwickeln, die den Trauernden in die Lage versetzen,
den Tod, den er erlitten hat, zu akzeptieren. Teilnahme am Begräbnis wird dieses Ziel erleichtern.

Die amerikanische Gesellschaft verhält sich so hochmütig
gegenüber dem Tod, sie schätzt die Jugend so hoch, sie ver-
birgt die Gealterten und die Kranken in Institutionen, sie gibt
in den Medien das Bild eines tragischen, schrecklichen, unge-
setzlichen und ungewollten Todes wieder, selten eines friedlichen
und gewollten, sie will alles so bequem und so brauchbar haben,
sie versucht, ihre gesamte Umwelt zu manipulieren und zu kontrollieren. In dieser Art von Gesellschaft wird der Tod oft als eine
Beleidigung, als ein Eindringling, als unnötig und als das Leben
überlagernd interpretiert. Das Akzeptieren des Todes und die
daraus resultierende Fähigkeit, die Aufarbeitung des Schmerzes
hinter sich zu bringen, wird von der Vorstellung ernsthaft beein-

trächtigt, daß der Tod einfach nicht ein Teil des amerikanischen Traums und des »Guten Lebens« sein kann. Folglich ist uns in unserer Erfahrung als Beerdigungsunternehmer die starke Neigung der Menschen deutlich geworden, sich vor der Erfahrung des Todes zurückzuziehen, einen Funktionär zu suchen, der die ganze Aufgabe erfüllt. Jedoch die Erfahrung mit Vaters Tod hatte uns deutlich gemacht, welchen Segen es bedeutet, näher an die Erfahrung des Todes heranzukommen, ein Teilnehmer zu werden und nicht ein Beobachter zu bleiben.

Menschen finden den Grad, zu dem sie sich beteiligen, selbständig heraus und sollten das auch freiwillig tun. Niemals sollte eine trauernde Person in die Rolle eines Teilnehmers oder Mitspielers gezwungen werden. Wenn sie es nötig hat, zu verleugnen und sich zurückzuziehen, sollte das erlaubt sein, aber sie muß sich auch der Konsequenz bewußt sein: potentielle Fehlanpassung und aufgeschobene Trauerreaktionen. Die Risiken sind schwer und ernst. Emotionen finden ihren Ausdruck, sei es als offene heilende Wunde oder als geschlossene schwärende Wunde, entweder ehrlich oder unehrlich, angemessen oder unangemessen. Aber die Emotionen werden ihren Ausdruck finden, und die Aufarbeitung des Schmerzes wird stattfinden.

Menschen, die in Trauer sind, finden in sich einen wahren Dschungel von Emotionen vor, die auf irgendeine Weise ausgedrückt zu werden verlangen. Manchmal offen, manchmal durch Gespräche, manchmal durch Weinen, manchmal durch Gedichte, manchmal durch ein Ritual: Es gibt viele Wege. Aber der Mensch muß die Gelegenheit haben, seine wirklichen Empfindungen auszudrücken, denn ungelöster Schmerz ist ein zerstörerischer Schrecken.

Menschen bedürfen der Ermutigung, über den Verstorbenen zu sprechen, sich an ihn zu erinnern und sich über ihn mitzuteilen, ja vielleicht sogar dazu, mit dem Verstorbenen zu sprechen.

Als die sechsjährige Mary-Margaret nach zweijähriger Leukämieerkrankung starb, blieben ihre Eltern bei ihr im Krankenhauszimmer, bis wir ankamen. Aus dem wenigen, was gesagt wurde, fanden wir heraus, daß sie sich in starkem Maße an dem Tod und Begräbnis ihrer Tochter beteiligen wollten. Mary-Margaret war ihre Tochter, ihre Liebe, ihre Verantwortung. Ihr Vater hob ihren verwüsteten Körper auf und trug ihn zur Bahre. Er schob die Bahre durch die Korridore bis zum wartenden Wagen und trug sie hinein. Ihre Mutter bat, sie auf dem Weg zum Beerdigungsinstitut begleiten zu können. Sie verbrachten einige Stunden allein mit Mary-Margaret, mit uns und mit ihrem Pfarrer. Am nächsten Tag zogen Mary-Margarets Mutter und ihre Großmutter mütterlicherseits den Leichnam an und legten ihn in den Sarg. Nach den Besuchsstunden, als ihre Freunde nach Hause gegangen waren, saßen sie eine lange Zeit bei ihr, sprachen zu ihr und beteten für sie. Am nächsten Tag verschlossen sie den Sarg und trugen ihn selbst. Als wir zum Beerdigungsgottesdienst in der Kirche aufbrachen, sagten sie: »Wir sind bereit . . . Es ist jetzt Zeit.« Wir wußten, was sie meinten. Sie waren zu einem tiefempfundenen Punkt des Abschlusses gelangt. Sie hatten den Übergang vollzogen, sie waren bereit, den Körper ihrer Tochter aufzugeben, sie hatten angefangen, sich zu erinnern, der Schmerz ließ jetzt nach, sie konnten ihre Suche nach einem Sinn und nach einem Begreifen fortsetzen und paßten sich an ein Leben ohne die körperliche Gegenwart ihrer Tochter an.

Es gibt eine Bestrebung in Amerika, den toten Körper unmittelbar nach dem Tod zu bestatten und den Gottesdienst in Abwesenheit der Leiche zu begehen. Dabei wird oft der Versuch gemacht, sich auf die Eigenschaften des Lebens des Verstorbenen in einer Atmosphäre falscher Ruhe und Befriedung zu konzentrieren. Das mag im Fall eines erwarteten Todes passend sein, aber unsere Erfahrungen im Falle eines plötzlichen und unerwarteten Todes, des Todes von Kindern, oder eines vorhergesehenen Todes, bei dem aber die vorbereitende Aufarbeitung des Schmerzes noch nicht beendet ist, gehen dahin, daß die Trauerbedürfnisse der Überlebenden oft heftig sind und daß eine Totenfeier, die die Möglichkeit bringt, den Verlust als wirklich zu begreifen, die wirklichen Empfindungen auszudrücken und die Unterstützung durch die Gemeinschaft zu fühlen, besser für die Aufarbeitung des Schmerzes ist.

Falls die Feier den Überlebenden einen bestimmten Grad der Einbeziehung und der Teilnahme erlaubt, dann bedeutet das eine Erleichterung und eine Konzentration auf die Aufarbeitung des Schmerzes. Alles andere würde eine Beleidigung und ein Vergehen an der innersten physischen und geistigen Gesundheit der Trauernden bedeuten und würde die Überlebenden extremen Schwierigkeiten bei der Anpassung aussetzen. Nach unserer Erfahrung ist der Anblick des Leichnams oft das Schlüsselerlebnis, um dem Ausdruck ehrlicher und wirklicher Gefühle die Tür zu öffnen. Dieses Erlebnis ist, wenn man dabei behutsam vorgeht, in besonderer Weise hilfreich, um die Aufarbeitung des Schmerzes ohne Verzögerung in Gang zu setzen.

Menschen empfinden ihre Bedürfnisse verschieden intensiv und versuchen sich in unterschiedlicher Weise in den Begräbnisvorgang einzubeziehen. Durch Zulassung, durch freundliches Drängen, durch Liebe, durch Erklärung und während man ihre Hand hält, kann ein hoher Grad der Einbeziehung erreicht werden, ohne daß der Betreffende sich dem entziehen kann. Das Ergebnis lohnt die Mühe. Es ist besser, daß es mehr als genug freiwillige Teilnahme gibt, denn daß es weniger als genug davon gibt. Da man den Tod auf der Ebene der Emotionen nicht einüben und auch nicht später wiederholen kann, ist es, was die Bedürfnisse der Anpassung angeht, von entscheidender Bedeutung, einen weisen Kurs abzustecken und eine Entscheidung zu treffen, die den Reifeprozeß des Trauernden erleichtert. Das Begräbnis ist insofern von Wert, als es die soziologischen, psychologischen und philosophischen Bedürfnisse derer umfaßt, die jemanden verlieren, der ihnen etwas bedeutete.

Werden diese Bedürfnisse dadurch befriedigt, daß man dem Problem aus dem Wege geht oder sich ihm gegenüber wie ein Zuschauer verhält? Oder dadurch, daß man für alle Aufgaben einen Funktionär mietet? Werden Bedürfnisse wirklich dadurch erfüllt, daß man vor Schmerzen schützt? Wir haben nicht die Wahl, Schmerzen zu vermeiden; wir haben nur die Wahl, ob wir dem Schmerz erlauben, schnell und hart erfahren zu werden oder langsam und hart. Das ist unsere einzige Wahl.

Der einjährige Keith, ein mongoloides Kind, starb im Wagen seiner Eltern, während sie von einem einwöchigen Ferienaufenthalt nach Hause zurückkehrten. Keith hatte sich erkältet, und nachdem sie ihren Kinderarzt befragt hatten, hatten sie die Rückreise angetreten. Ein plötzlicher Anfall von Lungenentzündung verursachte den Tod, der völlig unerwartet in das Leben von Sue und Rob einschlug.

Unser erstes Zusammentreffen mit Sue und Rob dauerte sechs Stunden, während derer wir ihnen zuhörten, wie sie sich von Emotionen befreiten. Wir hörten von den Schwierigkeiten mit der Polizei und den Ärzten in einer fremden Umgebung, die Keiths Tod untersucht hatten. Wir hörten von feindseligen Reaktionen und dem Wunsch, daß Keith hätte sterben sollen, als er vor dreiundfünfzig Wochen geboren wurde (wer will denn ein mongoloides Kind?); wir hörten, wie sie sich monatelang hatten beraten lassen, die Krankheit Mongolismus studiert hatten und zu einer tiefen Zuneigung zu ihrem Keith herangereift waren; wie sie die Struktur ihres Heimes und ihrer Ehe darauf vorbereiteten, ein zurückgebliebenes Kind aufzuziehen. Dann starb Keith als Baby. Welch ein Schlag ins Gesicht! Die Schuldgefühle, die Schmerzen, die Scham, seinen Tod gewünscht zu haben; gelernt zu haben, wie man liebt; den Wunsch gehabt zu haben, daß er lebe, und dann mit seinem Tod konfrontiert zu werden!

Rob und Sue baten um intensive Beteiligung bei der Beerdigung. Sue war im achten Monat schwanger. Das zweite Kind würde bald in ihr Leben treten, und das erste Kind war plötzlich tot. Sue und Rob hatten ungefähr sechs Wochen zur Verfügung, um ihren Schmerz zu bewältigen und bereit zu werden, das zweite Kind zu lieben. Robs Beruf als Manager einer Gruppe von Computer-Programmierern setzte klares Denken voraus, eine Befähigung, nicht nur mit Menschen umzugehen, sondern auch große Mengen von Daten und Informationen zu überblicken. Rob konnte es sich nicht leisten, in seinem Beruf über unterdrückte Emotionen und Empfindungen zu stolpern. Rob und Sue entschieden sich, den Schmerz schnell und hart zu erleben.

Der Pfarrer wurde für diese besondere Aufgabe besonders ausgesucht, weil er das Talent besaß, zu tief Betroffenen zu sprechen. Rob und Sue stellten für das Begräbnis eine Tonbandaufnahme von Volksmusik aus ihrer privaten Plattensammlung zusammen, die eine persönliche Bedeutung für sie besaß. Sie entschieden sich dafür, einen ganzen Morgen beim Leichnam von Keith zu verbringen – alleine, bevor die anderen kamen. Was sie sagten, was sie taten, und warum sie es taten, das wissen nur sie, Gott und Keith. Aber es half ihnen. Am Tag des Begräbnisses, nach einer sehr auf die Situation bezogenen und erfahrenen Ansprache durch den Pfarrer verschlossen Rob und Sue den kleinen Sarg von Keith und hielten ihn auf ihrem Schoß, während etwa vierzig Freunde sie zum Friedhof begleiteten. Sie verlangten nach Ehrlichkeit und Realismus, daher war das Grab nicht unter künstlichem Gras verborgen, und der Erdhaufen war nicht versteckt. Spontan und ohne vorherige Absicht knieten Rob und Sue langsam am Grab nieder und legten Keiths Körper und Sarg in das Grab und begannen sorgfältig, Erde in das Grab zu füllen. Der scharfsinnige Pfarrer sagte nur: »Ich glaube, die Kinder brauchen etwas Hilfe.« Vierzig Freunde schafften ohne Schaufeln, Handvoll um Handvoll, die Erde herbei, bis das Grab zugeschüttet war.

Mit schmutzverkrusteten Händen hörten sie dann, wie der Pfarrer ihnen das auslegte, was sie getan hatten, warum sie es getan hatten und was es für sie bedeutete.

Innerhalb von vier Tagen gelangten Rob und Sue zu einem Einverständnis mit Keiths plötzlichem Tod. Noch immer bestätigten sie die Richtigkeit ihrer Entscheidung, den Schmerz hart und schnell auf sich genommen zu haben. Mit voller Absicht setzen sie die Beschäftigung mit ihren Gefühlen über Keiths Leben und Tod fort (es ist nun drei Monate her). Rob bestätigt, daß er frei von der Belastung durch aufgestaute und zurückgedrängte Gefühle seinen Beruf gut ausfüllen kann. Diese jungen Eltern sind dabei, zu reifen, weil sie nicht durch die behinderte Aufarbeitung ihres Schmerzes gefesselt sind.

Das letzte Ziel der Aufarbeitung des Schmerzes liegt darin, sich ohne emotionale Schmerzen erinnern und emotionale Überschüsse wieder neu einsetzen zu können. Zwar ist die Erfahrung der Aufarbeitung von Schmerzen schwer, langwierig und ermüdend, aber sie schafft auch Bereicherung und Erfüllung. Die vollkommensten Menschen, die wir kennen, sind diejenigen, die Niederlagen, Leiden, Kämpfe und Verluste kennengelernt haben und ihren Weg aus den Tiefen heraus fanden. Diese Menschen verfügen über eine Wertschätzung, eine Sensitivität und ein Verständnis für das Leben, die sie mit Mitleid, Freundlichkeit und tiefer, liebevoller Teilnahme erfüllen. Vollkommene Menschen gibt es nicht durch bloßen Zufall.

Reife kann auf unerwartete Weise aus den geheimsten Winkeln unserer Lebenserfahrungen entstehen. Bei Tod und Schmerz brauchen wir nicht so sehr den Schutz vor schmerzlichen Erfahrungen, sondern die Tapferkeit, ihnen entgegenzutreten. Wir brauchen nicht so sehr die Beruhigung, sondern die Stärke, den Schmerz zu überwinden. Wenn wir uns zur Liebe entscheiden, müssen wir auch den Mut zur Trauer besitzen.

Welch ein Segen liegt darin, unsere gutgemeinte berufliche Tüchtigkeit zu unterbrechen und als Laien uns Sorgen zu machen, freundlich zu sein, Anteil zu nehmen, zuzuhören, miteinander und mit uns selber zu fühlen und darauf zu reagieren. Welch ein Segen, sich die Zeit zu nehmen, einen Verlust in unser Leben so einzufügen, daß, wenn eine Liebe verloren ist, unsere Fähigkeit zur Liebe nicht auch verlorengeht. Aus unserer Trauer kann Reife erwachsen.

Edith Mize
Trauer und Reife einer Mutter

*Der Tod des eigenen Kindes ist wohl am schwersten zu ak-
zeptieren. »Du fragst dich: Warum nicht ich, warum er?« Brutal
wird man daran erinnert, daß der Tod keinem vorhersagbaren
Fahrplan folgt, sondern seine eigene Zeit und seinen Ort wählt.
Auch wenn diese Erfahrung schmerzlich ist, kann sie doch für
den, der diese Herausforderung annimmt, ein Anstoß zur Reife
sein. Es gibt zwei Möglichkeiten, wenn jemand stirbt, den man
liebt: Man kann hinter einer dünnen Fassade in Schmerz, Reue
und Schuldgefühl leben, oder man kann diesen Gefühlen ins
Auge sehen, sie aufarbeiten und daraus hervorgehen als jemand,
der den Tod akzeptiert und dem Leben verpflichtet ist.*

*Viele Eltern, die ich kenne und deren Kinder gestorben sind,
haben sich durch ihren Schmerz dadurch hindurchgearbeitet, daß
sie ihre Empfindungen niederschrieben. Oft können wir das, was
wir nicht laut zu sagen oder auf andere Weise in konkrete Gedanken zu bringen vermögen, niederschreiben, um so damit fertig
zu werden. Auf den folgenden Seiten teilt uns Edith Mize einige
Gespräche in chronologischer Reihenfolge mit, die sie mit ihrem
todkranken Sohn geführt hat, bevor er im Alter von 26 Jahren
starb. Diese Unterhaltungen spiegeln ihren Kampf durch die Phasen des Schocks und der Verleugnung bis hin zur Einwilligung
wider. Schließlich können wir sehen, wie sie sich nach seinem
Tod mit Hilfe des Schreibens durch ihren Schmerz hindurcharbeitet, an Reife zunimmt und mit erneuerter Entschlußkraft wieder
zu leben beginnt.*

*Dieser Beitrag ist das schriftliche Zeugnis einer leidenden
und kämpfenden Mutter, die im Schreiben eine Möglichkeit fand,
ihre innerliche Qual auszudrücken und damit fertig zu werden.*

Sie ist durch Schmerz und Trauer hindurchgegangen; beides hat noch kein Ende; aber in ihrem Schmerz ist sie dennoch schöpferisch geworden, und aus ihren Tränen heraus hat sie Worte der Schönheit und der Liebe gefunden.

Schock

(15. Februar) Nach seiner Operation:
»Warum mußte das gerade mir passieren?«   *Ron*

Verleugnen

»Das kann nicht wahr sein. Er wird sich wieder erholen.«   *Mutter*

Zorn (ein Ausbruch, um sich von der Qual zu befreien)
(März)
»Ich will diese Beste-Wünsche-zur-Genesung-Karten nicht mehr haben.«   *Ron*

Hoffnung

»Es gibt noch Hoffnung, gib jetzt nicht auf. Es wird vieles getan, um dir zu helfen.«   *Mutter*

Isolierung

»Höre auf, mich dauernd anzurufen, oder ich nehme eine neue Telephonnummer.«   *Ron*
»Aber ich mache mir um dich Sorgen, und du rufst nicht zurück.«
                                                          Mutter

Verhandeln

(27. April)
»Herzliche Geburtstagsglückwünsche für Ron und Lisbet.«
(Wir feierten ein kleines Fest).
Ich betete um ein Wunder und konnte mich davon nicht losmachen.   *Mutter*
Ron verbrachte zwei Wochen Ferien in Kalifornien (seinem Lieblingsstaat) und besuchte Freunde.
(7. Mai)
Mein Geburtstag. Ich war glücklich, daß er noch bei uns war.
                                                          Mutter
»Hör auf, Theater zu spielen. Ich habe schließlich keine Mandelentzündung.«   *Ron*
»Es gibt noch Hoffnung. Bitte, gib noch nicht auf.«   *Mutter*

Zorn (Frustration)
(Juni)

»Warum strenge ich mich so an, meinen Volkswagen zu reparieren? Im Himmel kann ich ihn nicht gebrauchen.« *Ron*

»Aber denke doch an all die Erfahrungen, die dich reicher machen.« *Mutter*

Zorn
(Juni)

»Ron, du wirst nicht an Krebs, sondern an Gehirnerschütterung sterben. Du machst mich zornig. Reiß dich zusammen. Ich kann dich jetzt nicht gehen lassen.« *Mutter*

Er lachte und sagte: »In Ordnung, du gibst niemals auf.« *Ron*

»Weiter so!« *Mutter*

Depression (sich der Realität stellen)
(13. Juli; ein Freitag zu Hause)

»Laß mich in Ruhe. Ich will so nicht leben. Ich kann diesen Schmerz nicht ertragen; diese Schwäche; ich bin es müde zu kämpfen.« *Ron*

»Wenn du zu starke Schmerzen hast und es keine Hoffnung mehr gibt, dann will ich dich gehen lassen.« *Mutter*

»Gut, dann wollen wir aufs Boot gehen. Ich habe genug davon, hier zu Hause herumzuhängen. Ich gehe zum Angeln.« *Ron*

»In Ordnung. Das ist eine gute Idee.« *Mutter*

Depression (eine normale Reaktion)

»Ich kann diese Behandlungen nicht mehr aushalten. Ich bin kein Meerschweinchen, und die Behandlungen helfen doch nicht. Sie machen mich krank.« *Ron*

»Bitte, versuch es doch; jeder hat dich lieb.« *Mutter*

(27. Juli; ein Besuch im Krankenhaus)

»Noch nicht, Ron.« (Aber ich wußte es besser.) *Mutter*

»Ich wünschte, sie würden mir sagen, was nicht in Ordnung ist. Sie haben meinetwegen eine Beratung abgehalten, aber mich haben sie nicht zugelassen.« *Ron*

Einwilligung
(3. August; letzter Besuch bei Ron im Krankenhaus)

»Ich habe ein wenig Kopfschmerzen. Ich werde nicht mehr viele Schmerzen haben.« *Ron zu seinem Freund Tom*

Einwilligung

(5. August, Sonntag)

Ron lag im Koma und schlief friedlich.

»Lebwohl, Ron. Gott segne dich. Ich liebe dich so sehr.« Es war besser für ihn, und schließlich habe ich ihn gehen lassen. Ich wollte nicht, daß er litt.   *Mutter*

Die Probleme des Sterbenden hören auf, aber die Familie muß weiterleben und mit dem Schmerz über den Verlust fertig werden. Es ist hilfreich, wenn man auf den Tod vorbereitet ist (vorwegnehmender Schmerz). Schließlich lernt die Familie, mit dem Verlust zu leben. Es gibt keine zeitliche Grenze für den Schmerz. Es gibt kein Wissen über das »Warum«, aber das Leben geht weiter. Es ist schwer, den Tod eines jungen Erwachsenen zu akzeptieren.

Kummer und Schmerz

Wenn jemand stirbt, den du liebst, stellt sich ein Gefühl der Betäubung ein, eine Sehnsucht und ein Protest. Du hast einen Teil deiner selbst verloren, du fühlst dich zerrüttet. Und du weinst viel. Du bist unruhig, und vielleicht hast du ein Gefühl der Schuld. Vielleicht hättest du dem, der gestorben ist, helfen können, aber du weißt nicht, wie. Du fühlst Zorn darüber, daß er gestorben ist, und du bist zornig auf die Welt. Du fühlst dich so einsam, und Einsamkeit ist das größte Problem des Schmerzes. Es ist dein Problem, und du mußt es alleine lösen.

Die erste Stufe des Schmerzes und des Kummers ist der Schock. Zeitweise ist er hilfreich. Jemand, der schmerzvoll trauert, wird von dem ungeheuren Verlust der geliebten Person nicht unmittelbar nach dem Tod überwältigt. Es gibt vieles zu tun, und man tut es automatisch. Ich hielt mich beschäftigt und versuchte, nicht daran zu denken, daß Ron von mir gegangen war. Ich konnte es nicht glauben, daß er davongegangen war, und ich hoffte auf ein besseres Morgen.

Bald realisierte ich, daß unser einziger Sohn von uns geschieden war und daß der religiöse Glaube mir nicht helfen konnte. Ich suchte nach Antworten und fand keine. Ich dachte beständig: »Was soll ich ohne ihn anfangen? Ich vermisse ihn.« Menschen reagieren verschieden auf Schmerz. Ich habe das Bedürfnis zu glauben, daß mein Sohn irgendwo existiert, aber ich weiß nicht wo. Werde ich ihm wieder begegnen? Ich weiß es nicht, aber ich hoffe darauf. Mein Glaube beruht auf meinem emotionalen Bedürfnis und nicht auf meinem Verstand.

Als ich die Stufen des Schmerzes durchlief, hatte ich die üblichen psychosomatischen Symptome: körperliche Schmerzen und emotionale Spannungszustände. Ich konnte nicht schlafen und war müde. Ich hatte mich mit Gewalt die sechs Monate aufrecht gehalten, die er krank gewesen war, und sein Tod traf mich tief. Meine optimistische Haltung verschwand, als er starb.

Nach seinem Tod war ich bisweilen in Gedanken abwesend. Ich war in Panik und verhielt mich nicht so, wie ich es wünschte. Ich weiß, daß die verschiedenen Stufen des Schmerzes normal sind, aber bevor man das nicht weiß, glaubt man, etwas sei mit einem nicht in Ordnung.

Manchmal hatte ich Schuldgefühle und meinte, daß ich als ausgebildete Krankenschwester hätte wissen müssen, daß unser Sohn Krebs hatte. Aber wie hätte ich es denn wissen können? Er hatte sich nie darüber beklagt, daß er sich krank fühlte, und der Krebs griff seinen Körper nur langsam an. Schuldgefühle sind eine verbreitete Reaktion bei Menschen, die Schmerz tragen. Dazu empfand ich Zorn über vieles. Er war zu jung gewesen, um zu sterben; aber wer kann denn wissen, wann die richtige Zeit zum Sterben ist? Aus irgendeinem unbekannten Grund war seine Zeit gekommen. Ich weiß nicht, warum es gerade jetzt sein mußte.

Der Trauerschmerz kann nicht beschleunigt werden, aber schließlich kehrt die trauernde Person wieder in ein emotionales Gleichgewicht zurück. Du kannst den, den du liebst, nicht wieder zurückbringen, aber du mußt dich der Realität stellen. Eine Veränderung war in meinem Leben eingetreten, und mein Leben mußte nun einen tieferen Sinn bekommen. Ich hatte beobachtet, wie unser Sohn um sein Leben kämpfte und sich zurückzog, als er den Tod akzeptiert hatte. Er wußte, daß nicht mehr viel Hoffnung bestand, und er wurde sehr tapfer. Ich durfte ihn nicht enttäuschen und mußte stark sein für ihn.

Mein Schmerz verzehrt mich manchmal, aber ich werde es lernen, mit meinem Verlust zu leben. Ich kann unseren Sohn nicht vergessen, und gegenwärtig übersteigt sein Tod mein Verständnis. Jedoch, ich mache weiter. Es dauert, bis der Schmerz schwächer wird. Ich mache den Versuch, vorwärtszugehen. Unser Sohn wäre dagegen, wenn ich meine Zeit damit verbrächte, um ihn zu trauern. Er sagte mir immer, ich solle »nach vorne den-

ken«, und ich werde diese Anstrengung für ihn auf mich nehmen. Ich werde tun, was in meinen Kräften steht. Es ist so
schlimm, wenn jemand, der so lebenskräftig war wie Ron, stirbt.
Wenn der Tod zuschlägt, dann ist das ein schrecklicher Schlag,
und der Schmerz ist ungeheuer. Ich weiß, daß es einiger Zeit bedarf, um eine schmerzende Wunde zu heilen, besonders wenn
sie unser Herz betrifft. Ich kann nicht aufgeben, und ich versuche,
meinem Leben einen Sinn zu geben.

Für den Arzt

Kennst du das Gefühl,
wenn jemand stirbt?
Findest du eine Beziehung zu jemandem,
der weint?

Sieh ihn dir an,
der sich auf dich verläßt,
der deine Stärke braucht
und auch dein Mitleid.

Der jetzt noch krank ist,
vielleicht ist sein Leben bald dahin;
er braucht deine Hilfe;
lindre seinen Schmerz,
solange er noch lebt.
Er braucht jetzt Kraft und Mut,
um seinen Kampf zu kämpfen,
vielleicht schafft er es nicht,
die lange Nacht zu überstehen.

Tue, was du kannst, für ihn an jedem Tag,
du weißt, daß er's versucht,
dem Unbekannten entgegenzusehen.
Er weiß, daß er jetzt stirbt.
Er wünscht so sehr zu leben;
für ihn ist es nicht fair;
laß ihn wissen, daß du in der Nähe bist,
laß ihn wissen, daß du dich sorgst.

Einwilligung

Warum ist man traurig,
wenn man sterben soll?
Man nimmt Abschied,
deshalb die Tränen.

Er hat keine Angst,
wovor denn auch?
Es liegt an dem,
was er aufgeben soll.

Suche nach dem Licht!
Voran und aufwärts.
Verzweifle nicht,
es ist schon richtig so.

Wenn jemand stirbt,
dann denkt er an das Leben,
beides ist Kampf,
doch wert, daß man ihn kämpft.

Versuche es noch einmal

Ich bin der Schwermut müde
und müde des Schmerzes;
ich will wieder hinein
in diese Welt.

Das Leben geht weiter,
wenn der, den wir lieben, davongeht;
aber für mich ist es schwer,
der ich zurückbleibe im Schmerz.

Heute will ich versuchen,
noch einmal zu lächeln.
Der Tod ist verschwunden
von der Schwelle meiner Tür.

Ich werde mich aufraffen
und es wieder versuchen;
mich anstrengen will ich,
und wieder wirksam sein.

Es wird nicht einfach sein
ich weiß das nur zu gut,
doch aufgeben werde ich nicht,
der Wechsel ließ mich reifen.

Ich liebte ihn so sehr,
das Schicksal schlug uns hart.
Er ging als erster davon;
und mich ließ er zurück.

Der Schmerz wird eine Zeit
in meinem Herzen bleiben;
doch gestern ist vorüber,
heut werde ich lächeln.

Was ist ein sinnvolles Leben, und wer kann den Tod erklären? Es sind keine Antworten zu Hand. Die Antworten liegen in jedem einzelnen. Alles, was dich im Leben zufrieden und sicher macht – das ist die Antwort auf die Frage nach der Existenz. Ehrgeiz, Ziele, die man erreichen will, und die Hoffnung auf die Zukunft, sie machen das Leben lebenswert.

Ich kann die Tatsache akzeptieren, daß ich eines Tages sterben werde. Aber es war schwer, die Tatsache zu akzeptieren, daß unser Sohn in jungem Alter sterben mußte. Und doch hat er viele seiner Ziele erreicht. Ich mußte ihn gehen lassen, als keine Hoffnung mehr bestand.

Ich wünschte, er hätte mehr mit mir über den Tod und das Leben gesprochen, denn er wußte, daß er sterben würde. Es regt einen Sterbenden auf, über den Tod mit jemandem zu reden, den er liebt, besonders mit seiner Mutter. Wir hatten einander sehr gern, und ich werde ihn immer vermissen. Er liebte sein Leben und mußte die Leiden des Todes auf sich nehmen. Gegen Ende stellte er fest, daß ich die Tatsache akzeptieren konnte, daß er uns verließ. Er war tapfer, und ich mußte es auch sein. Ich bin froh, daß sein Vater, seine Schwestern und seine Freunde bei ihm waren. Er hatte einen friedlichen Tod und starb nicht umsonst.

Viele Menschen haben (dem Krankenhaus) Geld für sein Andenken gegeben, das zu Forschungen verwandt wird; dafür bin ich dankbar. Ich bin stolz darauf, daß die Erinnerung an Ron so würdig weiterleben wird. Ich bin sicher, er wäre darüber sehr überrascht. Er bedeutete so vielen Menschen so viel und wußte nichts davon. Manchmal sind wir so beschäftigt, zu leben, daß wir vergessen, andere wissen zu lassen, wie sehr wir sie lieben. Wir nehmen viel zu vieles als gegeben hin. Auch ich bin in dieser Weise schuldig.

Wenn das, was ich geschrieben habe, dich veranlaßt, anzuhalten und über das Leben und den Tod nachzudenken, und dir einige Einsichten vermittelt, dann habe ich etwas zustande gebracht. Ich weiß, daß der Tod unseres Sohnes unserem Leben einen tieferen Sinn gegeben hat . . . möge er in Frieden ruhen. Und ich werde »den Willen, zu glauben« behalten.

Dorothy Pitkin
Der Tod einer Frau
— ein Sieg und ein Triumph

Das endgültige Wort über die Qualität des Todes und des Lebens liegt bei dem Sterbenden selbst. Letztlich ist es der Sterbende, der bestimmt, wie sein oder ihr Lebensende gekennzeichnet sein wird — ob der Tod die Kulmination eines erfüllten Lebens ist oder nur das Ende einer Anzahl von Jahren, die in dieser Welt hingebracht worden sind. Unsere letzten Lektionen über den Tod müssen von Patienten stammen. Ich habe die letzten Zeilen von Dorothy Pitkin ausgewählt — nicht so sehr dessentwegen, was sie über den Tod sagt (der Tod ist eigentlich gar nicht ihr Thema), sondern vielmehr um dessentwillen, was sie über das Leben zu sagen hat. Was sie geschrieben hat, erlaubt uns einen Blick auf das Ende eines Lebens, das durch die Umstände jeder Würde und jeden Sinns entkleidet ist, und gibt zugleich das Porträt einer Frau, die sich weigerte, ihr Menschentum aufzugeben. Ich bin niemals mit Dorothy Pitkin zusammengetroffen, dennoch fühle ich mich ihr verbunden. Sie hat hart gearbeitet, war Mutter, war Autorin, aber vielleicht am meisten war sie eine heftige Kämpferin für das Leben. Ihr Sohn schreibt: ». . . Sie gab niemals auf, am Ende jedoch starb sie mit großer Heiterkeit und Würde. Es lag uns sehr daran, daß ihr Begräbnis unterhalb des Leuchtturms von Monhegan Island und die Gottesdienste, die wir für sie abhielten, diesen bejahenden und rebellischen Charakter widerspiegeln sollten.« Vielleicht entschloß ich mich vor allem deswegen, ihre Zeilen mit aufzunehmen, weil sie eine Frau von phantastischer innerer Stärke war. Man konnte sie nicht besiegen und entmenschlichen, sondern ihr gelang es, zu reifen — sie starb als »große« Frau, auch wenn sie vielleicht körperlich klein und zart gewesen sein mag.

Am Ende sind wir immer allein, aber es kommt nicht darauf an, wieviele Menschen uns bei unserem Sterben umgeben, und auch nicht, wie viele Jahre wir erlebt haben. Es ist die Qualität des Lebens und der Mut und die Stärke, die wir gezeigt haben, welche uns letzten Endes die Kraft verleihen, diese letzte Reise allein und mit Würde anzutreten. Der Brief ihres Sohnes beschreibt ihre Überzeugungen und ihren Tod, ihm folgen die letzten Zeilen von Dorothy Pitkins.

Dorothy war 75 Jahre alt und wog etwas über siebzig Pfund, als sie starb, aber »alt« war sie niemals. Sie weigerte sich, eine alte Dame zu werden, und selbst die Rolle einer Großmutter war ihr nicht angenehm. Sie verstand sich am besten mit ihren Kindern, als aus ihnen selbständige Menschen geworden waren. Eine Kindheit mit Dorothy als Mutter war nicht einfach. Sie war eine kraftvolle Persönlichkeit, und man mußte sich sehr anstrengen, sich selbst ein Herz zu fassen und solcher Kraft zu widerstehen. Aber sie sorgte dafür, daß die Einbildungskraft ihrer Kinder respektiert und angeregt wurde, indem sie sie mit den Werkzeugen und der Freiheit versorgte, ihre eigenen imaginären Welten zu erkunden. Sie reagierte mit Enthusiasmus auf unseren Enthusiasmus. Sie hatte das Glück, einen Mann zu heiraten, der sie bewunderte und ihre Unabhängigkeit respektierte. Sie liebte das Leben auf dem Land und schätzte einfache Freuden hoch. Aber Ehe und Familie waren nicht genug für Dorothy, und wir alle empfanden mit einigem Schmerz, daß wir nicht das Zentrum ihres Lebens bildeten.

Am Anfang war das Wort, und das Wort war Gott. Das Wort war Dorothys Prüfstein. Schreiben war ihr Ankerpunkt. Das Schreiben war sowohl eine schreckliche Tyrannei wie ihre einzige Befreiung. Sie war an ihre Schreibmaschine gefesselt wie Prometheus an seinen Felsen, und dennoch war es ihr Universum, ihr Garten. Schreiben war ihre Kunst und ihre Religion. Zwei Wochen, bevor sie starb, saß sie zum letztenmal vor ihrer Schreibmaschine. Kaum ein Tag in ihrem Leben verging ohne diese intime Gegenwart. Als sie in diesen letzten Wochen nicht mehr Maschineschreiben konnte, schrieb sie Anmerkungen an die Ränder aller Bücher, die zur Hand waren, oder auf verstreute Papierstücke. Es waren Gebete. Alle sagten dasselbe: »Lieber Gott, hilf mir, den Weg zu finden.« Es würde zu einfach sein zu sagen, daß sie den Weg fand, aber sie hatte immer ihren Kurs nach dem Polarstern bestimmt und sie wich niemals von ihm ab. Dorothy träumte von einem Ort, der der richtige war, ihre Zuflucht, und der Nordstern wies auf ihn hin. Sie hatte immer gehofft, ihn überraschend und »im Handumdrehen«, wie sie sagte, zu finden.

Schon früh hatte Dorothy von der Frucht der Erkenntnis gegessen und war zu dem Wissen verdammt, daß das Leben disparat und unverfügbar ist. Sie feierte die schreckliche Schönheit des Lebens. Dieses Bewußtsein kostete sie ihre Selbstzufriedenheit und sogar das Maß an Ruhe, das sie für sich selbst suchte. Eine Ruhe, von der sie das Gefühl hatte, daß Henry David Thoreau sie ihr versprach. Thoreau war lange Zeit hindurch ihr Guru und bestärkte Dorothy in ihrer Überzeugung, daß ein Leben, das auf der Jagd nach Anerkennung und materiellen Gütern verbracht wird, eine Illusion ist. Sie sagte ja zum Leben. Sie war unser Guru. Und dennoch fand Dorothy ihren Anteil am Erfolg, wie ihn diese Welt sieht. Sie hätte es gern gesehen, wenn ihr Nachruf sie als Autorin und Schauspielerin bezeichnet hätte. Auf ihre vier Bücher war sie sehr stolz, dennoch betrachtete sie sie lediglich als Annäherungen an das, was sie sagen wollte und was sie sagen mußte.

Die Furcht begleitete ihr Leben beständig. Die Furcht ist der Begleiter aller, die sich der Verletzlichkeit des Lebens, seiner Absurditäten und seiner Schönheit bewußt sind. Aus diesem Bewußtsein entspringt alle Kunst, jegliche Dichtung und Entdeckung. Es ist der Gegensatz zur Selbstgenügsamkeit. Sie machte nie Pläne für ihren eigenen Tod, sie gab sich niemals in seine Hand, sie philosophierte noch nicht einmal über ihn. Sie empfand solches Verhalten als Flucht aus dem Leben. Selbst in den letzten paar Tagen, als das Leben sie aufgegeben hatte, fuhr sie fort, es zu bejahen und an ihre Wiedergenesung zu glauben. Aber ganz in der Tiefe ihres Innern wußte sie sehr wohl, daß sie sterben würde.

Am Montag rief die Schwester an, um mitzuteilen, daß der Tag für Dorothy gekommen war. An diesem Morgen unterhielten wir uns mit den Augen, und sie winkte uns mit den Händen ein »Ciao« zu. Wir sangen »Jesus Christ Superstar« für sie – sie liebte diese Musik. Sie wartete auf Jane, die aus Vermont ankam, um sich Don, Steve, Roxie und Ann anzuschließen. Wir hielten ihre Hände, und sie starb mit Anmut und Würde.

Dorothy Pitkins letzte Zeilen

Jetzt muß ich wieder von vorne anfangen, muß anfangen mit der neuen, der anderen Frau, die ich werde, der Frau, die ins Pflegeheim kommt.

Es ist Abend, und ich fühle mich einsam, weit fort von zuhaus. Aber ich weiß nicht, wo mein Zuhause ist. Im Pflegeheim? Meine Zimmergenossinnen schauen sich einen Film an, irgendetwas aus Hawaii. Sie sitzen in ihren Rollstühlen, und die eine oder andere trägt das besondere Kleid für abendliche Anlässe – ein bißchen veraltet und altmodisch.

Sie werden in den runden Saal gerollt und bilden mit ihren Stühlen einen Kreis. Einige bedienen ihren Rollstuhl selbst und manövrieren sich an ihren Platz. Mich beeindruckt, wie routiniert die Frauen damit umgehen.

Durch das große Fenster beobachten sie, wie der Abend allmählich in die Nacht übergeht. Die dunklen Gruppen verharren, der Abend stirbt, und die Frauen erweisen ihm die letzte Ehre. Eine Abendgesellschaft besonderer Art. Sie sehen den Abend nahen, sehen ihn erglühen von Lichtern, blauen, grünen oder roten.

Ich, die »Neue«, schaue zum Himmel auf und spüre die Kraft des Abendwerdens. Meine Gedanken wandern an all die Orte, wo ich den Sonnenuntergang schon erlebte.

Eines Morgens war ich hier. In meinem Rollstuhl saß ich an der »Pforte«, allein, der Augenblick gehörte mir. Es war vielleicht nicht der Augenblick der Wahrheit, es war aber ein Augenblick, den ich selbst mit Sinn erfüllen konnte. Als Kind habe ich in manchen alten Häusern gelebt und jeden Grashalm ihrer Gärten geliebt. Vor mir ein breiter Streifen frisch gemähten Grases, dahinter die hohen, noch ungemähten Wiesen, dann Büsche und Bäume die ganze Anhöhe hinauf. Im Frühling glänzt das ungemähte Gras von vielen kleinen Tautropfen, jetzt aber war es Herbst, und das hohe Gras lag braun danieder. Ich liebte jeden Grashalm, gemäht oder ungemäht, nun aber ruhte mein Blick voll Trauer darauf. Das war nicht mein Gras. Schön war alles, was ich sah, aber es gehörte zum Pflegeheim. Auch das Gras. Und ich vermochte nicht, es so zu sehen, wie ich wollte. Ich war kein freier Mensch, kein ganzer Mensch mehr. Mein Tageslauf war festgelegt, er richtete sich nach der Ordnung des Heims. Ich gehörte ganz und gar dem Pflegeheim, und alles, was ich sah, gehörte ihm auch.

Bevor ich als Patient in die klösterliche Ordnung des Heims eintrat, lebte ich in einer kleinen Wohnung in der Nähe. Durch meine Fenster überblickte ich den Hof, und ich konnte die Menschen sehen, die Patienten, manchmal kamen sie im Rollstuhl, manchmal wurden sie von Schwestern gestützt. Niemals hatte ich daran gedacht, daß ich selbst einmal dort leben müßte.

Das Pflegeheim liegt auf einer kleinen Anhöhe. Die Bewohner leben in einer Welt für sich. Man nennt es einfach »das Heim«. Sagte ich vorhin etwas von Kloster? Ich wünschte, es wäre eines – nur mit Männern. Ich komme gut mit Männern aus. Ihnen bleiben eine Menge Fragen erspart. Fragen wie: Welches Kleid möchten Sie heute anziehen? Was machen wir mit Ihrem Haar? Sollen wir es à la Marie Antoinette frisieren? (Natürlich bevor sie geköpft wurde!) Männer dürfen ruhig in ihrem Stuhle sitzenbleiben und zusehen, wie die Schwestern herumsuchen; sie suchen für Jim Palmers Glatze keine feuerroten Schmucktücher, sondern einen alten Jagdhut oder einen Feuerwehrhelm aus Blech, der ihm gut steht. Alles in allem, ob mit oder ohne Glatze, Männer haben es leichter als Frauen in diesem Kloster, diesem Pflegeheim.

Ich aber bin eine Frau, und mir geht alles durcheinander. Ich besitze keinen Kompaß. Kein Wegweiser zeigt mir, wo es lang geht. Ich frage mich, was in Gottes Namen ich hier soll, allein und so weit weg von jedem Zuhause – wo immer das auch sein mag, ich weiß es nicht genau. Man wird mir sagen, ich sei hierher gekommen, weil ich alt bin. Ich habe vergessen, wie man fühlt, wenn man jung ist; aber manchmal taucht das Gefühl der Jugend wie aus blauer Tiefe herauf. Dann weiß ich, daß ich dieses Gefühl nicht verloren habe. Es bleibt mir auch im Alter.

Eines Tages blickte ich auf, statt vor mich hin zu starren. Ein Berg von Mann beugte sich über meinen Sessel. »Wie wär's mit einer Übung? Na? Jetzt gleich? Sie sind ein braves Mädchen!« Als seien auf wunderbare Weise die Gesetze der Schwerkraft aufgehoben, erhebe ich mich, der Berg zieht mich mit einem seiner Arme, und ich stehe auf meinen Füßen. Da ist auch der Physiotherapeut, ein Mann und kein Berg, das ist besser so. »Jetzt laufen Sie, laufen Sie, laufen Sie!« Zuerst die Fersen, dann die Zehen. Fersen, Zehen, Fersen, Zehen. Das geschieht von nun an fünfmal die Woche. »Mache ich es schon besser?« –

»Besser als was?« – »Sie tun schon das Richtige.« – »Kennen Sie etwas Besseres? Sie müssen nur laufen, laufen!« – »Ja, ich weiß.« – »Vergessen Sie nicht, daß Sie kein Teenager mehr sind! Aber für eine alte Dame machen Sie es ganz richtig. Oder haben Sie etwa keine Lust mehr? Na, wir hatten da mal diese Frau Soundso; die wog über zwei Zentner und war hundertzwanzig Jahre alt, aber sie segelte daher wie ein Vogel im Wind. Das sollte Ihnen Zuversicht geben. Und nun, wie wär's, wenn wir mit der Vorführung sozusagen auf Tournee gingen?« – »Ja.« – »Ich verstehe Sie nicht, sprechen Sie deutlicher! Nicht murmeln! Sagten Sie ja oder nein?« – »Ja.« – »Sie meinen JA?« – »JA!« schreie ich. – »Na, das war schon besser. Es hieß Ja? Richtig? Sie meinen Ja, nicht wahr?« – Jeder Satz in diesem Pflegekloster muß wenigstens achtmal wiederholt werden. »Möchten Sie ins Badezimmer? Möchten Sie ins Badezimmer? Möchten Sie ins Badezimmer? Möchten Sie wirklich ins Badezimmer? Sie wollen also ins Badezimmer!« – Bei jedem Satz wird die Stimme lauter und im Tonfall nasaler. – »Jetzt hab' ich's mitgekriegt, Sie wollen nicht ins Badezimmer, ja? Gut! Warum haben Sie das nicht gleich gesagt? Na, was meinen Sie, sollen wir nun mit der Vorführung auf Tournee gehen? Ja? Gut! Oder lieber nicht?« – Ich weiß nicht mehr, was ich sagen will. Dieses ewige Nein und Ja hat mich völlig verwirrt.

Langsam dringt der Tag in mein Bewußtsein; durch das große Fenster kann man den Himmel sehen, die Farben der Morgendämmerung in dem großen Fenster. Von meinem Bett aus überblickt man den ganzen Himmel. Die Vögel ziehen ihre Kreise über ihn hin. Habichte mit scharfen, eingeschnittenen Flügeln. Eine Art Botschaft aus der Luft. Hier liege ich und schaue in den Himmel. Dann der morgendliche Ruf, der Ruf: »Frühstück!« Die Tabletts sind da. Ich ziehe einen bunten Morgenrock an, sitze in meinem Stuhl und frühstücke. »Die Tabletts sind da«, so kommt der Ruf aus der Küche. Ein Stichwort, mich bereit zu halten. Ich schwinge meine Beine über den Bettrand und kämpfe mich hoch, um auf der Bettkante zu sitzen. Gleich wird die junge Schwesternhelferin wie eine Tänzerin hereinsegeln und das Tablett hochhalten. Sie setzt es auf dem Nachttisch ab. »Guten Morgen! Da bin ich. Essen Sie Ihr Frühstück. Hier ist Ihr Toast und Ihre Haferflocken. Hier ist Ihr Pflaumensaft. Trinken Sie ihn, er tut ihnen gut.« Mein Pflaumensaft, denke ich. Sie müssen ihn unbedingt meinen Pflaumensaft nennen, aber natürlich ist es gar nicht *mein* Pflaumensaft. Ich werde ihn unter Protest trinken. Die Schwesternhelferin ist hübsch und jung in ihrer weißen Kleidung und auf eine fröhliche Weise mütterlich. Ihr Rock endet weit über dem Knie. «Nun seien Sie ein gutes Kind und essen Sie ein ordentliches Frühstück für mich.« Und nicht für mich, denke ich. Das hübsche Mädchen öffnet die kleinen Zuckerpäckchen. »Hier Ihr Kaffee, Ihre Milch und Ihr Butterbrötchen. Alles vorhanden? Okay?« Aber normalerweise heißt es bloß: »Kay?« – »Kay!« »Okay, nun seien Sie ein braves Mädchen und essen Sie alles auf.« »Kay?« »Okay!« Und schon segelt sie davon, um die Tabletts von Frau Pitchares und Frau Ogelthorpe, von Frau Murphy und Frau Wetmore mit einem »Kay?« und einem letzten energischen »Okay!« zu holen. In der Höhe fliegen Vögel.

Nach dem Frühstück kommt die erste der langen Wartezeiten. Ich sitze lange Zeit unsicher auf der Bettkante, und warte, warte auf meine Morgenwäsche. Schließlich taucht die Schwester mit einer Schüssel auf. »Sie können sich hier waschen und auch die Zähne putzen. Machen Sie soviel, wie Sie können, selbst. Ich werde wiederkommen, um Ihnen den Rücken zu waschen. Klingeln Sie nur, wenn Sie fertig sind, ich werde dann kommen.« Irgendwie bringe ich es fertig, mich zu waschen, ohne dabei von der Bettkante zu rutschen. Ich ziehe an der kleinen Glocke und warte und warte und warte, daß die Schwester kommt. Ich kann meine Uhr nicht erkennen, aber es müssen viele Minuten sein, die ich warte und warte, nackt und äußerst unbehaglich auf der Bettkante sitzend. Daß ich kein Eigenleben mehr habe, stellt meine Geduld auf die schärfste Probe. Ich sitze da, fühle mich sehr nackt und hoffe, daß ich angezogen werde, bevor der Mann vom Reinigungspersonal hereinkommt und mit seinem Besen herumfährt. Normalerweise ist jetzt die Zeit, wo er kommt, um verstreuten Abfall vom Fußboden aufzuheben. »Guten Morgen!« – »Guten Morgen.« – »Wie geht es Ihnen heute?« – »Ganz gut.« »Das ist schön!« Er scheint sich der kurzen Blicke nicht bewußt zu sein, die er auf die nackte Frau werfen kann, zwischen den Vorhängen hindurch, die sich nicht ganz zuziehen lassen. Wenn er gegangen ist, muß ich wieder warten und warten, daß jemand, daß irgend jemand kommt. Schließlich wird der Vorhang zur Seite gezogen und jemand, den ich nie zuvor gesehen habe, erscheint. »Kann ich Ihnen helfen? Waschen Sie sich doch, und ziehen Sie sich an! Okay? Ich bin in einer Minute zurück.« Sie

stürzt hinaus und kommt nicht wieder. Statt dessen kommt eine
andere Schwesternhelferin. »Na, was möchten Sie denn?« –
»Ich will gewaschen und angezogen werden!« – »Okay!« Und das
Wunder geschieht. Sie geht nicht wieder hinaus, sondern macht
sich an die Arbeit. Auf der Stelle hilft sie mir beim Waschen und
Anziehen.

Zuerst Frühstück und Waschen und Anziehen. Dann werde
ich vielleicht einen Vortrag über den Grand Canyon hören. Oder
über Toledo im Herbst oder vielleicht über Quebec. Die Patienten sitzen in Reihen, und jedesmal wird gefragt: »Können Sie
sehen? Wie wäre es, wenn wir Ihren Rollstuhl neben Frau Bara-
bee schöben. So, ist das besser? Können Sie jetzt sehen? Das
sind sehr interessante Bilder. Besonders das von Toledo. Nun
ist es doch besser? Sicherlich können Sie an dem Pfeiler vor-
beisehen? Sehen Sie einmal, wenn Sie Ihren Kopf ein wenig
wenden, können Sie wenigstens die Hälfte davon sehen. Das ist
die richtige Einstellung! Die Hälfte sehen ist besser, als überhaupt nichts sehen.« Die Bilder haben grelle Farben – ein grünes
Gesicht, jetzt ein purpurnes. Wenn Toledo so aussieht, würde
ich bestimmt nicht dahin wollen. Um mich herum werden die anderen Patienten unruhig. Ich beneide April in ihrem Rollstuhl. Das
beste an Rollstühlen ist die Möglichkeit, hier herauszukommen.
April bewegt ihren Rollstuhl geschwind und geschickt. Sieh sie
dir an, sie kommt hier raus!

Robert Frost hat es ausgesprochen. Ein Heim ist der Ort,
wohin du nicht willst, weil sie dich dahin bringen müssen, wenn
du krank oder alt bist und es dann keinen anderen Platz gibt.
Heutzutage nimmt dich das Pflegeheim; und die besten verfügen über moderne Methoden der Rehabilitation wie etwa Physio-
therapie. Hier verbringen alte Menschen nicht einfach die Zeit
bis zu ihrem Ende. Hier wird die Schlacht gegen das Alter aus-
gefochten.

Erst stehst du auf und verläßt das Bett. Du wirst gewaschen
und angezogen. Dann: »Was wollen wir heute üben?« Aufstehen
aus einem Sessel. Eine Dehnungsübung. Treppen hinauf und
hinunter gehen. Aber am wichtigsten, das Laufen, das Laufen;
du mußt funktionieren, und Laufen ist die Grundlage von allem.
Auch wenn du nicht laufen kannst, weil deine Hüften gebrochen
sind oder weil ein Bein oder sogar zwei fehlen, geht es immer
noch um Bewegung, von hier nach da. Die Entfernung durch

einen Rollstuhl überwinden oder durch Krücken. Übungen, die geschwächte Sehnen wieder stärken und Gelenke und Muskeln wieder aufeinander abstimmen. Unabhängig werden, das ist das Ziel, nach dem sie sich richten. Treppen hinauf und hinunter gehen – eine erschreckende Erfahrung. Wir gehen auf Treppen wie in einem Alptraum. Eine Treppenflucht, die in den Kerker führen könnte. Mein Gott, wie kann ich damit fertig werden? »Warum soll ich das tun?« – »Weil die Treppen da sind und Sie das tun müssen. Halten Sie sich an dem Geländer an Ihrer Seite fest, kommen Sie, bewegen Sie Ihre Arme gleichzeitig mit den Füßen. Jetzt haben Sie die unterste Stufe erreicht, und nun müssen Sie sich umdrehen und wieder hinaufsteigen. Und sehen Sie wohl, Sie haben die oberste Stufe erreicht.«

»Aufstehen, Mary! Stellen Sie sich auf Ihre Füße. Reden Sie Ihren Füßen gut zu! Sehen Sie? Oh, das ist sehr schön. Wenn Sie fest auf Ihren Füßen stehen, fallen Sie nicht aufs Gesicht.« Mary wird von zwei Helfern gehalten. »Mary, Sie können gehen, versuchen Sie es.« Ich versuche es ja. Das ist es, was viele Helfer nicht verstehen. Sie meinen, wenn man es nur versuchen würde, könnte man auf den Beinen stehen. Und da ist nun Mary, die verzweifelt versucht, zu stehen. Sie wird von zwei Hilfskräften gehalten, und ihr Gesicht ist verzerrt von verzweifelter Anstrengung. »Ich kann es nicht, ich kann es nicht, ich versuche es doch!« – »Sprechen Sie mit Ihren Füßen, Mary, sagen Sie ihnen, daß sie sich bewegen sollen.« – »Ich kann es doch nicht.« Halb dahingeschleift, auf Füßen, die halbwegs laufen und auf dem Boden zu bleiben suchen, erreicht sie den Sessel.

Jetzt wollen wir einen Blick auf einige Bewohner dieser sonderbaren Welt werfen. Fangen wir mit Jean an. Ich wollte, ihr könntet sie gehen sehen, nur gehen. Eine große Frau mit einem großen Gesicht, das aber irgendwie das Gesicht eines kleinen Mädchens ist. Sie beugt sich über dich, mit diesem Gesicht eines kleinen Mädchens, das ihr Gesicht gewesen ist, seit sie zwölf war. Ihr Kleid ist das Kleid eines kleinen Mädchens. Oder vielleicht das Kleid einer Puppe, und sie ist die Puppe. Irgend jemand hat sie aufgezogen und in Bewegung gesetzt, und sie geht hin und her und her und hin, immer mit würdigen, gemessenen Schritten, nicht langsam, nicht schnell. Seit kurzem ist das Haar an ihrem Hinterkopf in dichten Büscheln gewachsen. Sie hat das Gesicht eines kleinen Mädchens verloren und sieht aus wie ein

Büffel mit diesem Buckel aus Haaren an ihrem Hinterkopf, ein Büffel, der geht, nur geht, immer noch mit diesem stetigen, gemessenen Schritt, ein Büffel, der sich verirrt hat und zur Herde zurückzukommen sucht.

Das ist Leo, der keine Beine mehr hat. Sein Körper hört dicht unter seinem Gesicht auf. Er besitzt Würde und eine Weisheit, die ihm Autorität verleiht. Er verfügt über ein männliches Lächeln, er ist männlicher als manch anderer, der mit dem Glück gesegnet ist, Beine zu haben. Leo ist zäh. Er ist ein ganzer Mann. Es ist besser, Leo kein Mitgefühl zu zeigen. Er steht allein und verlangt von niemandem etwas. Er rollt in seinem Stuhl hinaus, um den ganzen Tag in der Sonne zu sitzen. Er ist allein, aber seine Gestalt ohne Beine beherrscht das große Feld am Flußufer, allein, aber nicht einsam.

Und hier kommt Teddy in seinem Rollstuhl. Er muß physische Schäden bei seiner Geburt erlitten haben. Vielleicht irgendein Fehler in seinem Sternbild. Er kann nicht gehen, er kann nicht reden, außer in fremdklingenden Lauten, die vielleicht ein Tier ausstößt, wenn es mit verzweifelter Eindringlichkeit versucht, verstanden zu werden. Er fährt seinen Rollstuhl nahe an die Frau heran, die Papierhäschen macht, und späht nach ihnen mit einem koboldhaften Ausdruck auf seinem seltsamen gelben Gesicht. Was ist das? Er dreht seine Hände nach außen in der Weise, mit der er gewöhnlich das, was er gesagt hat, betont. Diese Geste ist immer eine Bitte an die Welt, ihm das zu übersetzen, was sich gerade ereignet. Er könnte der Direktor oder der erste Charakterdarsteller sein, der einen sinnlosen Sinn in das Theater des Absurden bringt.

Und da ist die kleine Martha, die auf dem Nachtstuhl sitzt, deutlich sichtbar für jeden, der hereintritt. Nicht einmal ein Vorhang ist vorgezogen. Da sitzt sie, für jeden sichtbar. Nicht einmal hinter einer Tür. Für jeden sichtbar sitzt sie da, mitten im Zimmer ohne jede Privatheit. Der Nachtstuhl steht mitten im Zimmer. Man könnte ihn ebenso gut in das Badezimmer stellen. Aber er steht genau mitten im Zimmer. Eine gefühllose Mißachtung der Privatsphäre. Fast als wenn man den belebtesten Platz ausgesucht hätte, damit jeder sie sehen kann. So öffentlich wie es nur geht. Für Martha gibt es nur die Uhr. Die Uhr ist das Zentrum ihrer Welt. Sie blickt auf das Zifferblatt mit dem Ausdruck zärtlichen Erkennens. Ich wünschte, die Menschen könnten Marthas Schönheit und die Traurigkeit in ihrem Gesicht sehen. Ein Verlangen, das der Resignation entsprungen ist, ein Begreifen der Zurückweisung durch die Uhr und des »Nein« gegen sie selbst. Die Uhr muß Tag und Nacht bei ihr sein. Wenn die Schlafenszeit kommt, muß sie die Uhr in Sichtweite haben, den Schutzengel ihres Schlafes. Zwei Uhren sind heruntergefallen und zerbrochen. »O Gott, meine Uhr, wie kann ich ohne sie schlafen? Ich muß meine Uhr haben! Ich muß meine Uhr ticken hören, wenn ich das brauche. Wenn ich sie an mein Ohr hielt, tickte sie. Das hier ist jetzt die dritte Uhr, und wenn ich sie an mein Ohr halte, tickt sie. Ein Wunder der Zeit!«

Die Angst hat viele Gesichter. Was ist es, was uns fesselt und uns nicht gehen läßt? Was ist es nur? Jean hat es, sie sitzt in dem dunklen Zimmer, das sie den Speiseraum nennen, sie beugt ihren Kopf über den Tisch und hat Träume, die sie nicht verstehen kann. Jim hat es auch, wenn er ruhelos herumwandert mit einem Gesicht voll tiefer Trübsal, sein zahnloser Mund eine große Höhle. Er sucht nach seinen Kindern. »Wo sind meine Kinder? Wo sind sie nur, wo ist sie nur?« Er streckt seine Hand aus nach einem, der vorbeikommt. »Hören Sie, Herr, haben Sie meine Kinder gesehen, haben Sie meine Tochter Agnes gesehen? Ich heiße Jim Campbell. Sie müssen doch Jim Campbell kennen. Ich habe die Papiermühle betrieben. Ich suche nach meinen Kindern. Haben Sie sie gesehen? Sie waren hier, aber sie sind weggegangen.«

Es gibt eine Zeit zwischen Dunkelheit und Morgengrauen, wo man das Geräusch von eiligen Schritten hört, wo die Korridore der Nacht von Klagerufen widerhallen. Mary ist wach, Mary weint. »Mary, es ist Nacht, und du mußt schlafen. Wenn der Morgen anbricht, wird es gehen. Morgens, Mary, mußt du dich gerade auf deine Füße stellen. Jetzt aber ist es Nacht, und du mußt dich auf die Seite legen, deine Augen schließen und schlafen.«

Sie setzen Joe in seinen Rollstuhl. Joe ist Pole und er flucht auf Polnisch, weil sie ihm seine Manneswürde genommen haben. Er ist zu einem ungezogenen Kind geworden, das liebkost und geprügelt und in einen Rollstuhl gesteckt werden muß. Seine mageren Beine, die aus dem Rollstuhl hervorragen, gehören nicht mehr zu ihm. Sie gehören dem Pflegeheim und müssen tun, was man ihnen befiehlt, denn er ist ja kein Mann mehr.

Einige Ängste sind schlimmer als andere. Aber das Altwerden unterstreicht alles, was sie sagen oder tun können. Kopf hoch, Schultern gerade, alles beieinander, und da steht man, bereit zu gehen.

Aber die Schwierigkeit liegt darin, daß man nicht bereit ist, zu gehen. Wie ganz anders ist nun alles als damals, als noch die kleine Wohnung am Wald mein Zuhause war. Da war es noch etwas Anmutiges, sich aus einem Stuhl zu erheben, fast wie ein Tanz, ein langsamer Tanz. Jetzt ist es für mich bitter, auf die Beine zu kommen, und ich weiß, daß niemand meinen Kampf beobachten will. Ja mehr noch, ich weiß, daß sie noch nicht einmal mit einer Frau gesehen werden wollen, die, um sich zu erheben und zu gehen, ein sogenanntes Gehgerät benutzen muß. Das ist ein Fall fürs Krankenhaus. Und nicht für sie.

Nun bricht der Morgen an. Vom Bett her kann man nichts sehen außer der tiefen Bläue und den überraschenden Farben, die wie Fahnen sich über den Himmel ziehen. Wenn der Schmerz allmählich das Kommando übernimmt, liegt die Angst neben mir, und alte, verblaßte Erinnerungen kommen zurück.

Ich war zwanzig Jahre älter als er. Anfangs war er mein Schüler im Department für Fotografie am College. Er war damals zwanzig Jahre alt, und das heißt, daß ich zu der Zeit vierzig war. Er war bekannt als Fotograf aller wichtigen Ereignisse, er belegte meine Kurse, und ich begann mich für seine Sicht der Dinge zu interessieren. Er war geradeheraus und objektiv, er suchte nicht den schiefen, den überdramatischen Blickwinkel. Beispielsweise zur Zeit des Grubenunglücks, als Männer im Stollen eingeschlossen waren; ich hätte etwas Dramatisches daraus gemacht, ich hätte vielleicht die angstverzerrten Gesichter der Angehörigen gezeigt oder ein kleines Kind, das weint, oder vielleicht eine rote Jacke, die ein Eingeschlossener zurückgelassen hat. Das akzeptiert er als Möglichkeit, die Vernichtung zu zeigen, er akzeptiert es als eine Art, den Sinn der Erfahrung auf subtile Weise deutlich zu machen. Er sagt, ja, das ist interessant. Er ist dabei, sagt er. Er stimmt mir zu, aber er übernimmt es niemals ganz. Ich bemerke sein Nichtakzeptieren. Es bleibt unausgesprochen, aber es ist da. Eines Tages spreche ich es in meiner Verärgerung aus: »Sehen Sie mal, Sie könnten mein Sohn sein. Ich könnte Sie fragen, warum Sie sich nicht einmal offen hinstellen und mir sagen, daß Sie das nicht mögen, so wie Sie es machen würden, wenn Sie wirklich mein Sohn wären.« – »Ihr Sohn? Hören Sie, ich bin nicht Ihr Sohn. Sie wissen, was ich für Sie empfinde. Ich bin ganz sicher nicht Ihr Sohn.« Und plötzlich geschieht es. Er neigt meinen Kopf zur Seite und küßt mich auf die Wange. »So würde ein Sohn

seine Mutter begrüßen. Aber so sind meine Gefühle für Sie!«
Plötzlich preßt er seine Lippen mit Leidenschaft auf die meinen.
»Wir können es genauso gut gleich jetzt klarstellen: Du bist nicht
meine Mutter, ich bin nicht dein Sohn.« »Ja, Mutter? Ist das so
richtig, Mutter?« Immer dieser leichte Spott, der in allem steckt,
was er sagt und tut. Aber jetzt tritt es zutage. Er ist mein Geliebter. Er sagt niemals »Geliebte«, er zeigt, was er empfindet, durch
den leidenschaftlichen Kuß, von Mund zu Mund. »Sag mir, ist das
dein Gefühl für mich?« fragt er während des Kusses, seinen Mund
leidenschaftlich auf den meinen gepreßt. »Ja? Ja? Sag mir: Ja.«
Und ich spüre, wie eine Flut leidenschaftlicher Empfindungen
mich überwältigt. Er ist kein Sohn, sondern ein Liebender. »Ja«,
flüstere ich während des Kusses, seinen Mund auf dem meinen.
»Ja«, flüstere ich hilflos. – »Und war es immer so? Sag ja.« –
»Ja« flüstere ich, und seine Zähne pressen sich auf die meinen.

Nach diesem Spaziergang durch den Buchenwald war nichts
mehr so wie zuvor. Damals kam alles heraus – was wir beide ver-
bargen. Oder besser, wir gestanden die Empfindungen ein, die
wir immer gehabt hatten. Mitten im Buchenwald fließt ein kleiner
Bach. Als wir in den dichteren Teil des Waldes kamen, sagte er:
»Spring auf die rechte Seite des Bachs hinüber, kümmere dich
nicht um die Felsbrocken und Steine, ich halte dich fest.« Ich
hatte den Eindruck, er hatte den schlimmsten Teil des Baches
ausgesucht. »Los doch, du schaffst es, Mutter.« Das Wort »Mutter« klang sarkastisch, auch wenn er das Wort schon früher gebraucht hatte. Vorher hatten wir es benutzt, um uns zu necken.
Ich erzählte ihm einmal, daß ich von ihm wie von einem Sohn
dächte. »Ich habe niemals einen Sohn gehabt, nun kannst du
derjenige sein.« Das geschah, als ich eine der Arbeiten korri-
gierte, die ich ihm aufgegeben hatte. Eine Zusammenfassung
dessen, woraus Fotografie heute besteht. »Es ist eine Kunst, und
du mußt sie wie eine Kunst anwenden. Nimm die wichtigsten
Teile des Bildes und mache daraus das Beste, was du aus ihnen
machen kannst. So wird das gemacht, Sohn.« Und dann war es,
daß wir über den Bach sprangen. Unser Spaziergang durch den
Buchenwald wurde das Symbol unserer Beziehung. Sohn, Geliebter; Geliebter, Sohn . . . jetzt aber ein Geliebter!

Hier im Pflegeheim sehe ich ihn deutlich vor mir. Sein Blick,
als wir über den Bach sprangen, und sein Blick, als er mein Gesicht neigte, um meine Wange zu küssen, und das leidenschaft-
liche Gesicht, als er meinen Mund küßte und ich meinte, nichts

würde jemals wieder so sein wie zuvor. Er ist mein Geliebter. Jetzt, wo ich im Pflegeheim bin, sehe ich ihn so deutlich vor mir, das männliche blonde Haar, seine Haut, so glatt wie die einer Frau, aber den männlichen Mund und seine blauen Augen. Man hätte sagen können, blau wie die Augen eines Mörders, scharf und klar, aber auch das Blau eines Liebenden. Vielleicht gehörten die beiden zusammen, das Blau des Mörders und das Blau des Liebenden.

Wenn ich jetzt im Heim aufwache, erinnere ich mich daran, wie ich in der kleinen Wohnung nahe dem Buchenwald aufzuwachen pflegte. Ich wurde wach und dachte, daß heute etwas Gutes passieren würde. Dann beschlich mich ein Gefühl des Glücks. Er würde heute kommen. Und ich würde den Tisch mit der rotweißen Tischdecke schmücken und Kerzen in die italienischen Kerzenhalter stecken. Es wird Provolone-Käse geben und natürlich als Wein Liebfrauenmilch, den Wein, den er mag. Heute wird ein Fest stattfinden, weil er heute vierzig wird, zwanzig Jahre jünger als ich bin. Und schon oft vorher dachte ich daran: zwanzig Jahre jünger. Jetzt ist er dreißig und ich bin fünfzig, und so wird es immer sein: Ich bin zwanzig Jahre älter als er.

In der Dämmerung saßen wir im Zimmer. Wir liebten es, so zu sitzen. Noch keine Lichter. Der Abendglanz fiel auf sein Haar, ein sanftes männliches Blond.

Nach dem Essen sprachen wir über das Problem »älter – jünger« und was das für unsere Beziehung bedeutete. Man könnte denken, es sei etwas Unanständiges, wenn eine Frau zwanzig Jahre älter ist als der Mann, den sie liebt. Wahrscheinlich stammt diese Einstellung aus den viktorianischen Zeiten, als man annahm, daß eine Frau die Stütze des Mannes, den sie liebt, benötige. Man ging davon aus, daß sie schwächer war als der Mann und Hilfe bei allem Tun und Lassen brauchte. Der Mann mußte älter sein als die Frau, um ihr diese Hilfe zu geben.

Aber hier gibt es keine Hilfe. Hier gibt es nichts zu tun, als zu überleben. Die Zeit ist am Wendepunkt. Der Abend wendet sich in die Nacht, der Bogen des Himmels ist voll von den breiten Farbbändern des Sonnenuntergangs. Die Vögel fliegen hoch. Es ist für mich eine Zeit der Einsamkeit. Ich fühle mich verloren und weit fort von zu Hause. Aber wo ist das Zuhause? Ich habe es niemals gefunden.

Meine Zimmergenossinnen kommen in ihren Rollstühlen in

den Raum mit den vielen Fenstern, um zu beobachten, wie die abendlichen Farbbänder langsam in die dunklen Schatten der Nacht übergehen. Ungefähr um acht fangen sie an, auf die Uhr zu sehen. Meine zeigt Viertel vor acht an, aber vielleicht irre ich mich. Nein, es ist fünfzehn Minuten nach sieben, aber meine Uhr könnte falsch gehen. Was tut's? Sagen wir siebzehn Minuten vor acht. Das liegt näher. Ich fühle den Schmerz, der mich beschleicht. Heimlich kommt sie heran, die gewaltige Nacht.

Das Tablett mit dem Abendbrot ist weggeräumt worden. Ich trete hinaus in die Nacht. Meine Nacht. Die tiefschwarze Nacht mit all ihren Sternen gehört mir, ganz allein mir. So still ist es, daß ich das Geräusch der verfließenden Zeit zu vernehmen meine. Ich höre den Pulsschlag der Gezeiten, ganz nahe und nimmer endend. Wie eine Stimme, die spricht: Sei ruhig und wisse, daß ich da bin. Der pulsierende Rhythmus der Zeit ist im Einklang mit dem Schlagen meines Herzens. Ich bin ein Geschöpf der Zeit.

4. Kapitel
Tod und Reife
Ungleiche Partner?

Wie kann der Tod zur Reife des Sterbenden oder derer, die zurückbleiben, beitragen? Unsere konventionellen Ansichten vom Tod rufen uns viele Gedanken und Empfindungen ins Gedächtnis, aber selten findet sich darunter die Aussicht auf Reife. Und dennoch, wie wir in unserer Diskussion in diesem Buch gesehen haben, können wir, wenn wir den Tod aus anderer Perspektive betrachten, begreifen, daß mehr als jede andere Macht des Lebens die Gewißheit des Todes und die Erfahrung des Sterbens es sind, die einen Menschen reif werden lassen können. Wir alle, sogar diejenigen, die ein Leben ohne Reifeprozeß gewählt haben, indem sie die Rollen übernehmen, die andere ihnen vorschreiben, fühlen in unserem innersten Selbst, daß wir in diesem Leben zu mehr bestimmt sind als einfach zum Essen, Schlafen, Fernsehen und Arbeiten an fünf Tagen der Woche. Dieses andere Etwas, das viele nicht näher bestimmen können, ist die Reife: all das zu werden, was man wirklich ist, und zugleich im umfassenden Sinn ein Mensch.

Es mag befremdlich klingen, aber einer der produktivsten Wege, um zur Reife zu gelangen, liegt in der Beschäftigung mit der Erfahrung des Todes. Vielleicht erinnert uns der Tod daran, daß unsere Zeit begrenzt ist und daß wir besser unsere Bestimmung auf Erden erfüllen, bevor unsere Uhr abgelaufen ist. Was immer der Grund sein mag: Individuen, die das Glück gehabt haben, am Tode von jemandem Anteil zu nehmen, der seinen Sinn begriffen hatte, scheinen durch diese Erfahrung besser imstande zu sein, zu leben und zu reifen. Wer im Krieg die Erfahrung des massenhaften Todes gemacht und sich ihr gestellt hat, wer seine Wahrnehmung und seine Empfindungen nicht hat abstumpfen lassen, der ist aus seinen Erfahrungen gereifter und menschlicher hervorgegangen, als es auf irgendeinem anderen Wege möglich gewesen wäre.

Es kann sehr hart sein, dem Tod ins Gesicht zu sehen, und die Versuchung kann groß sein, vor ihm zu fliehen und der Konfrontation aus dem Wege zu gehen. Aber wenn man den Mut hat, sich ihm zu stellen, wenn er in das eigene Leben tritt, ihn zu akzeptieren als wichtigen und wertvollen Teil des Lebens, dann wird man reifer – gleichgültig, ob es der eigene Tod ist, dem man gegenübersteht, oder der eines zur Pflege Anvertrauten oder eines Menschen, den man liebt.

In meinem Buch »Interviews mit Sterbenden« habe ich die Phasen beschrieben, die Menschen typischerweise in ihrer

Todeserfahrung durchschreiten. Diese Stufen – Verleugnen, Zorn
und Ärger, Verhandeln, Depression und Einwilligung – sind kurz
in dem Beitrag von Dr. Mauksch in Kapitel 2 zusammengefaßt.
Auch wenn ein sensibler und mitfühlender Mensch niemals immun
gegen Gefühle der Trauer, ja der Verzweiflung und Depression
ist (und es auch nicht sein sollte), beim Tode eines ihm Nahestehenden kann er dennoch eher seinen Frieden mit dem Gedanken an den Tod machen und ihn eher produktiv verarbeiten,
wenn er diese Erfahrung zusammen mit anderen machen kann.
Indem man die Stationen des Todes durchmißt und wenn man
diese Erfahrung zusammen mit anderen macht, nähert man sich
dem Zustand, sich selbst akzeptieren zu können. (Natürlich
erreicht nicht jeder Sterbende die Ebene der akzeptierenden
Einwilligung, aber man kann sie erreichen, bevor man mit dem
eigenen Tod konfrontiert ist oder mit dem eines Nahestehenden,
und falls das gelingt, ist man imstande, sinnvoller zu leben und
zu sterben.)

   In diesem Kapitel habe ich einige Beiträge zusammengefaßt,
aus denen hoffentlich deutlich wird, wie die Konfrontation mit dem
Tod und dem Sterben das eigene Leben bereichern und dazu
verhelfen kann, eine menschlichere und humanere Person zu
werden. In dem ersten Beitrag möchte ich Anteil nehmen lassen
an meinem eigenen persönlichen Leben, an jenen Ereignissen,
von denen ich den Eindruck habe, daß sie meinen Charakter
geformt und mich veranlaßt haben, mein Arbeitsgebiet auszuwählen. Der zweite Beitrag liefert den schönen Rechenschafts-
bericht eines Arztes über die Erfahrungen seines Lebens, die ihn
von vielen Ärzten unterschieden und aus ihm einen liebevollen
und mitfühlenden Menschen machten. Sie ermöglichten es ihm,
über sich hinauszugreifen und seine »Rolle« als Arzt aufzugeben,
eine Rolle, die so viele daran hindert, das zu tun, was sie als
richtig und wichtig empfinden. Der dritte Beitrag ist die Geschichte vom Leben und Tod eines jungen Mannes, geschrieben
von seinem Freund, der aus Liebe das Risiko auf sich nahm, am
Tod seines Freundes Anteil zu nehmen, und der durch diese
Erfahrungen an Reife und Verständnis zunahm. Der abschließende
Beitrag des Kapitels, ein Gedicht eines sterbenden Mannes für
seine Frau, ist ein Ausdruck ihrer gemeinsamen Liebe, die das
physische Leben und den Tod transzendiert. Dieser Mann, der
während seiner Krankheit die Organisation »Laßt das Heute
zählen« ins Leben rief, ist ein Symbol der Reife, welche die Er-

fahrung des Sterbens bei denen begleitet, die nicht daran verzweifeln, wie wenig Zeit ihnen geblieben ist, sondern vielmehr Freude darüber empfinden, was sie erlebt haben. Ob du nun von Berufs wegen mit sterbenden Patienten umgehst, ob du selber im Sterben liegst oder ob du einem Sterbenden nahestehst, ich hoffe, diese Beiträge vermitteln dir Einsichten, die deinen eigenen Reifeprozeß fördern.

Elisabeth Kübler-Ross
Der Tod als Teil meines persönlichen Lebens

Auf den folgenden Seiten möchte ich Sie gern Anteil nehmen lassen an einigen Erfahrungen meines Lebens, von denen ich den Eindruck habe, daß sie zum Entstehen dessen, was ich bin, beigetragen haben. Wahrscheinlich haben sie mich auf das Feld des Todes und des Sterbens geführt; sicher haben sie meine Ansichten vom Tod und vom Leben geformt. Vielleicht werden Sie das, was ich zu sagen habe, einfach aus diesen Gründen interessant finden. Aber wichtiger sind, wie ich meine, jene Einflüsse in meinem persönlichen Leben, die mit den Fäden zusammenfallen oder parallel zu ihnen verlaufen, welche sich durch alle Beiträge in diesem Buch aus einer Vielzahl verschiedener Quellen hindurchweben. In diesen Übereinstimmungen zwischen meinen Lebenserfahrungen und denen anderer, von denen ich einige niemals getroffen habe, könnten Sie meiner Meinung nach einige Lösungshinweise für die Mysterien des Lebens und des Todes finden, die beitragen könnten, Sie durch Ihr Leben zu führen.

Um ein Beispiel auszuwählen: Ich hatte das Glück, als Kind die Erfahrung des Todes als eines natürlichen Ereignisses zu machen, das mit Ruhe und ohne Furcht vom Sterbenden akzeptiert wird. Darin liegt, wie Sie sich erinnern werden, einer der Faktoren, die – der Untersuchung über »Leben-bis-zum-Tod« zufolge – eine gute Anpassung an das Sterben voraussehen lassen. Wie der Priester bei den Indianern Alaskas erfuhr ich die Teilnahme der Gemeinschaft am Tod und dem Vorgang des Sterbens. Ich habe persönlich den Unterschied zwischen dieser Art von vertrauter, zuträglicher Umgebung für den Tod und der sterilen, unpersönlichen Atmosphäre eines Krankenhauses em-

pfunden. Ich habe die Verwüstung des Krieges gesehen und habe gesehen, wie Menschen daraus hervorgingen, die mehr Verständnis für das Bedürfnis nach Menschlichkeit in einer allzu oft inhumanen Welt besaßen. Dadurch, daß ich ungeschützt der Erfahrung des Todes ausgesetzt war, bin ich in die Lage gekommen, ihn als erwarteten und untrennbaren Bestandteil des Lebens zu verstehen.

Die Arbeit mit Sterbenden hat mir auch dazu verholfen, meine eigene religiöse Identität zu finden, zu wissen, daß es ein Leben nach dem Tode gibt, und zu wissen, daß wir eines Tages wiedergeboren werden, damit wir die Aufgaben erfüllen können, die wir in diesem Leben unfähig oder nicht willens waren zu erfüllen. Aus diesem Zusammenhang heraus fange ich an, die Bedeutung des Leides zu begreifen und zu verstehen, warum sogar kleine Kinder sterben müssen.

Zu dem Zeitpunkt, wo ich dieses schreibe, bin ich eine Ärztin mittleren Alters, die im ganzen Land gut bekannt geworden ist als die »Tod-und-Sterben Dame« (einige etwas weniger begeisterte Menschen bezeichnen mich gelegentlich noch als »Totenvogel«). Ich habe einen großen Teil meines Lebens mit sterbenden Patienten, sterbenden Kindern und Erwachsenen und mit ihren Familien verbracht. Es könnte interessant sein, einen Blick zurück zu tun und zu versuchen festzustellen, welche Einschnitte und Kreuzwege in meinem Leben mich veranlaßt haben, dieses eigenartige Spezialgebiet zu wählen.

Ich wurde an einem warmen Sommertag in der Schweiz geboren nach einer langen und sehr erwünschten Schwangerschaft. Meine Eltern hatten einen sechsjährigen Sohn und wünschten sich sehr, eine Tochter zu bekommen. Meine Mutter freute sich darauf, niedliche kleine Kleider zu nähen und jemanden bei sich zu haben, wenn sie die fabelhaften Dinge backte und kochte, für die sie berühmt war.

Der erste Eindruck, den ich bei meinen Eltern auslöste, war große Bestürzung. Ich wog kaum zwei Pfund, war kahlköpfig und so winzig, daß ich offensichtlich eine Enttäuschung war. Niemand vermutete, daß dies nur der Anfang von weiteren Schocks war; fünfzehn Minuten später wurde eine ebenfalls nur zwei Pfund schwere Schwester geboren, ihr folgte ein Mädchen von fünf Pfund Gewicht, das endlich den Erwartungen entsprach.

Es ist schwer zu sagen, ob meine klägliche Einführung ins Leben der erste »Anreger« war, mich mit dem Tod zu beschäftigen. Jedenfalls erwartete man nicht, daß ich leben würde, und wäre da nicht die Entschlußkraft meiner Mutter gewesen, hätte ich auch nicht überlebt. Sie hatte die feste Überzeugung, daß solch kleine Babys nur dann überleben können, wenn sie ein großes Maß zärtlicher und liebevoller Fürsorge erhalten, häufig an der Brust genährt werden und die Wärme und das Wohlbehagen erfahren, das nur das Zuhause ihnen geben kann und nicht das Krankenhaus. Sie kümmerte sich selbst um uns drei, stillte uns alle drei Stunden am Tag und in der Nacht, und man erzählt, sie habe während der ersten neun Monate niemals in ihrem Bett geschlafen. Überflüssig zu sagen: Wir alle drei kamen durch.

So war vielleicht die erste wichtige Lektion in meinem Leben, daß ich lernte, daß allein von einem Menschen, der wirklich Sorge trägt, der Unterschied zwischen Leben und Tod abhängt.

Meine nächsten Begegnungen mit dem Tod verliefen freundlich. Wir wuchsen in einem hübschen Dorf, umgeben von Bauernhöfen, auf. Als ein Freund meines Vaters starb (nach dem Sturz von einem Baum), waren wir am Vorgang des Sterbens und des Trauerns beteiligt. Er lebte noch so lange nach seinem Unfall, um uns in sein Schlafzimmer zu rufen und uns auf Wiedersehen zu sagen. Er ermutigte uns, seiner Frau und den Kindern zu helfen, den Bauernhof zu retten. Er war jung, stand mitten im Leben, war sehr rational und vernünftig, aber es gab, soviel ich mich erinnere, kein Anzeichen der Angst.

Ich war zu dieser Zeit ein kleines Mädchen, und mein letzter Besuch bei ihm erfüllte mich mit großem Stolz und Freude. Ich bin sicher, es lag daran, daß er ein jedes von uns Kindern persönlich in sein Zimmer rief und genug Vertrauen in uns setzte, um uns um Hilfe für seinen geliebten Hof zu bitten. Ich habe niemals in meinem Leben so hart gearbeitet wie während einiger Sommer- und Herbstzeiten nach seinem Tod – um eine gute Ernte einzubringen. Jedesmal, wenn wir eine Wagenladung Heu hereinbrachten, war ich davon überzeugt, daß er uns sehen konnte, und ich sah sein Gesicht, wie es vor Stolz und Freude leuchtete.

Als ich in der zweiten Klasse war, zog ein neuer Arzt in unsere Nachbarschaft. Er war ein ruhiger und ziemlich zurückgezogener Mann, und man wußte nicht viel über ihn, weil er aus einer anderen Gegend kam. Seine zwei kleinen Töchter gingen mit uns zur Schule. Sie waren wohlerzogene, hübsche und ziemlich gelehrte junge Damen, und es dauerte eine Zeit, bis sie Teil der Dorfgemeinschaft wurden, die auf Außenstehende noch mit einer bestimmten Skepsis reagierte, bis sie »sich bewiesen« hatten. Das ältere der beiden Mädchen, zu der Zeit etwa zehn Jahre alt, wurde krank, und schnell sprach es sich herum, daß sie Hirnhautenzündung hatte. Fast täglich verbreiteten sich in der Schule und im Gemeindehaus schlimmere Nachrichten; an einem Tag erblindete sie, dann war sie gelähmt, dann hatte sie ihr Gehör verloren. Spezialisten kamen von überallher, aber ohne Ergebnis. Als sie starb, wurde die Schule geschlossen, und mehr als die Hälfte der Dorfbewohner nahm an ihrem Begräbnis teil. Es begann in ihrem Haus, wo ihr Leichnam mit ihrem Lieblingskleid, das sie an ihrem letzten Schultag getragen hatte, bekleidet wurde. Ihre Familie ging hinter dem Leichenwagen her, ihnen folgten die Verwandten und die Lehrer. Wir alle folgten der langen Prozession zu Fuß, bis wir die Kirche erreichten, wo ein kurzer und bewegender Gottesdienst gehalten wurde. Dann folgten wir der Familie zum Friedhof, wo zwei Männer die Grube aushoben, und der Sarg wurde langsam in die Erde versenkt. Jeder von uns warf eine Handvoll Erde auf den Sarg. Wir sangen ein Lied und zogen uns dann langsam zurück, um die trauernde Familie für einen Augenblick allein zu lassen. Brigitte war das erste Kind in meinem Leben, das starb. Ich war nicht persönlich mit ihr befreundet, aber wir alle – das ganze Dorf – trauerten mit dieser Familie. Wir nahmen Anteil an der Krankheit, ihrem tragischen Verlauf, dem Verlust der Sehkraft und des Gehörs – an jedem Aspekt des Sterbevorgangs –, und wir konnten sie auf ihrer letzten Reise zum Friedhof begleiten.

Es gab ein Gefühl der Solidarität, des gemeinsamen Ertragens der Tragödie durch die ganze Gemeinschaft. Sie wurde niemals aus dem Dorf oder aus ihrem Zuhause herausgenommen. Sie mußte nicht in der fremden Umgebung eines unpersönlichen Krankenhauses sterben. Tag und Nacht war jeder in der Nähe, der ihr nahestand.

Ganz anders war das im Fall meiner eigenen gefährlichen Erkrankung, die ich bekam, als ich ungefähr fünf Jahre alt war. Ich litt an Lungenentzündung, und man brachte mich in ein Kinderkrankenhaus und hielt mich wochenlang in Isolation. Ich konnte meine Eltern nur durch ein Glasfenster sehen. Alles um mich herum war fremd, und, so jung ich war, ich litt am meisten

darunter, dauernd allen Blicken ausgesetzt zu sein. Der Isolier-
raum war ein Glaskäfig, überall umgaben mich gläserne Wände.
Selbst gebadet wurde man in diesem Raum, und ich verbrachte
die meiste Zeit damit, von meinem »Schlupfwinkel in den Hügeln«
zu träumen, einem kleinen verwilderten Wald mit viel Unterholz,
wohin ich zu verschwinden pflegte, wenn mich zu Hause jemand
geärgert hatte. Ich sehnte mich nach diesem stillen Fleck, wo
Kaninchen und Vögel, manchmal ein Fuchs oder eine harmlose
Schlange meine einzigen Gefährten waren. Als Drilling und daher
zu oft im Rampenlicht war für mein Heranreifen ein Ort, wohin ich
mich still zurückziehen konnte, von wesentlicher Bedeutung. Hier
im Krankenhaus gab es keine Ausflucht. Es gab keine vertraute
Stimme, keine Berührung, keinen Geruch, noch nicht einmal ein
vertrautes Spielzeug. Alles war sehr sauber und routiniert. Es
gab damals keine Antibiotika und keine wirksamen Behandlungs-
formen, so daß wenig Hoffnung bestand, daß ich überleben
würde. Ich konnte nicht mit meinen Eltern sprechen, wenn sie
mich besuchen kamen. Ich konnte nur ihre traurigen Gesichter
sehen, die sie an die Scheibe preßten, welche mich von der
äußeren Welt abtrennte. Hätte ich nicht meine lebhaften Träume
und Phantasien gehabt, sicherlich hätte ich an diesem sterilen
Ort nicht überlebt.

Als ich ein Teenager war, brach der Krieg mit seinen Zer-
störungen, Bomben und Flüchtlingen aus. Die Schweiz blieb
eine Insel des Friedens, aber wir wurden täglich an den Kampf
ums Überleben, an die Opfer unserer Nachbarn und den Todes-
zoll außerhalb unserer Grenzen erinnert.

Langsam verbreiteten sich Nachrichten über die Verfolgung
der Juden und über die unbeschreiblichen Leiden derjenigen, die
aufstanden und Widerstand leisteten. Schließlich wurden die Ge-
rüchte über schreckliche Konzentrationslager bestätigt.

Mein Bruder und mein Vater waren freiwillig in der Armee
und standen Posten an der Grenze nach Deutschland. Unzählige
Familien versuchten, über den Fluß zu schwimmen, um in die
Sicherheit der Schweiz zu gelangen, und wurden von den Nazis
mit Maschinengewehren erschossen. Viele von ihnen, die es
wagten, ließen Familienmitglieder zurück, die tot oder zum Tod
in Arbeitslagern und Gaskammern verdammt waren.

Ich schwor mir, daß ich, sobald es möglich war, das Land
zu verlassen, gehen würde, um diesen Menschen zu helfen. In
der Zwischenzeit verbrachte ich meine Wochenenden im Kran-

kenhaus, um als Freiwillige den Tausenden von Flüchtlingen zu helfen, die den Nazis entkommen waren. Wir entlausten Hunderte von Kindern, behandelten ihre Krätze und sammelten Nahrungsmittel, Kleidungsstücke, Windeln und Babyflaschen. Monate verflogen so schnell wie Wochen. Dann kam der große Tag: FRIEDE. Ich verbrachte ihn auf dem Dach des Kantonspitals, des größten Krankenhauses in Zürich. Wir trugen alle Patienten, bei denen das möglich war, auf das Dach. Es war buchstäblich bedeckt mit Rollstühlen und Tragbaren. Niemand beschwerte sich. Wir wollten, daß sie die Glocken hörten, die Glocken des Friedens. Jede einzelne Kirche, und es gab über zweihundert, läutete in genau demselben Augenblick. Jeder weinte, jeder hielt sich am anderen fest, eine alte todkranke Frau sagte mit einem großen glücklichen Lächeln: »Nun kann ich loslassen, nun kann ich sterben. Ich habe mir so schrecklich gewünscht, lang genug zu leben, um den Frieden auf Erden wiederkommen zu sehen.«

Monate später fuhr ich per Anhalter durch das vom Krieg verwüstete Europa mit einem Rucksack, der das Notwendigste enthielt, und einer großen Menge Idealismus und Hoffnung. Ich unternahm eine lange Reise, die mich durch neun Länder führte, ich arbeitete als Koch, als Maurer, als Dachdecker, ich eröffnete Stationen für Typhuskranke und für Erste Hilfe, ich überschritt die polnisch-russische Grenze in einer Zigeunerkarawane, und als letztes, aber vielleicht als wichtigstes besuchte ich Maidanek, eines der schlimmsten Konzentrationslager, in dem Tausende von Erwachsenen und Kindern in den Gaskammern oder an Hunger, Krankheit und Folter gestorben waren. Ich sehe noch die Baracken vor mir mit den kleinen Inschriften der Opfer, ich spüre den Geruch des Krematoriums und sehe den Maschendrahtzaun, durch den einige hatten kriechen können, nur um dann von den Wachposten erschossen zu werden.

An diesem schrecklichen Ort machte ich die Bekanntschaft eines jungen jüdischen Mädchens, die selbst ein Opfer der Nazis war. Sie war aus dem Konzentrationslager gerettet worden und hatte sich der Aufgabe verschrieben, zu helfen und dieses vom Krieg verwüstete Europa wieder aufzubauen.

Es war schwer für mich, zu verstehen, wie ein Mädchen, das fast zu Tode gefoltert worden war, imstande war, den Deutschen zu helfen, die nahezu ihre ganze Familie getötet hatten. Sie war nicht verbittert, sondern ihr war bewußt geworden, daß in dieser Welt der Unmenschlichkeit mehr Menschlichkeit nötig ist!

Mit Menschen wie ihr schlugen wir ein Lager in Lucimia an dem Fluß Wista in Polen auf. Hier entschloß ich mich zum Studium der Medizin. Hier, mitten unter all dem Leiden, fand ich mein Lebensziel. Dort, inmitten von Armut, Isolierung und Leiden, habe ich intensiver gelebt als in all den Jahren zuvor und danach.

Wir drei »Doktordamen«, wie einige uns nannten, mußten lange Stunden arbeiten, um Hunderte von Patienten zu versorgen, die auf der Suche nach Hoffnung, Behandlung und vielleicht etwas Medizin von weit entfernt kamen. Unsere Regale waren leer; nichts war übrig geblieben. Ein kleines Haus mit zwei Zimmern diente als Klinik. Ein Raum wurde als Vorratsraum benutzt. Er enthielt ein paar Hühner und Eier, Butter und andere Nahrungsmittel, die die Patienten als Bezahlung für unseren Dienst brachten. Bis zu fünfzig Menschen arbeiteten in diesem Lager und bauten einen der am schlimmsten vom Krieg verwüsteten Orte in Osteuropa wieder auf. Sie kamen aus vielen Ländern als Freiwillige.

Ich schlief mit einer Decke unter freiem Himmel, als mich das Weinen eines kleines Kindes aufweckte. Neben mir saß schweigend eine Mutter. Sie war drei Tage und zwei Nächte hindurch gewandert, um unsere Station zu finden, und trug ein gefährlich krankes Kind in ihren Armen. Janek war ungefähr drei Jahre alt, glühend heiß und mit glasigen Augen, er reagierte kaum. Er hatte Typhus, und es gab nichts, was ich für ihn tun konnte. Ich brachte die Mutter und das Kind in die »Klinik«, bot ihnen meine Decke an, um sich auf den Fußboden zu legen und etwas Schlaf zu finden. Wir tranken gemeinsam eine Tasse Tee mitten in der Nacht, und ich versuchte der Frau zu verstehen zu geben, daß ihr langer Marsch ihr Kind nicht retten konnte.

Sie hörte aufmerksam zu und wandte ihre Augen nicht von mir. Als ich mit dem zu Ende war, was ich zu sagen hatte, fügte sie sehr nüchtern hinzu: »Du mußt dies Kind retten; es ist das letzte meiner Kinder, die alle mit mir im Konzentrationslager waren.« Die Tatsache, daß sie und Janek überlebt hatten, war wie ein Wunder. Was sie sagte, klang so, als ob das ihren einzigen überlebenden Sohn endgültig unsterblich mache.

Ich habe mich niemals in meinem Leben so hilflos und ohne Hoffnung gefühlt. Ich hätte alles dafür getan, um diesen Jungen zu retten. Sollte sie Angst gehabt haben, so zeigte sie es zumindest nicht. Sie saß ruhig an meiner Seite und trank ihre Tasse

Tee und wartete auf weitere Anweisung. Eine Zeitlang fragte ich mich, wie eine Frau so viele Tage mit einem kranken Kind im Arm marschieren konnte. Dann wanderten meine Gedanken hinüber zu unserem leeren Medikamentenschrank, zu Janek, zu dem Konzentrationslager . . . Und noch bevor die Nacht vorüber war, wanderten wir wieder; dieses Mal wandten wir uns nach L., wo es ein Krankenhaus gab. Wir wußten, daß die Chancen gering waren. Wir wußten auch, daß sie dort alle weiteren Patienten zurückwiesen. Alle Ärzte, Schwestern und Hebammen waren von den Nazis getötet worden, und das Krankenhaus war nicht nur unterbesetzt mit Personal, sondern auch von Patienten überfüllt.

Ich erinnere mich undeutlich, wie wir vor den Mauern, die das Krankenhaus umgaben, ankamen. Ich erinnere mich daran, wie ich mich mit einem polnischen Arzt auseinandersetzte, ihm sagte, er hätte kein Herz, an sein Nationalgefühl appellierte . . . Ich benutzte jeden Trick. Schließlich nahm er Janek auf, nachdem wir versprochen hatten, wir würden nicht vor drei Wochen wieder zurückkommen. Janek würde dann entweder begraben oder wieder soweit hergestellt sein, daß er nach Hause gebracht werden konnte. Die Mutter lieferte ihr Kind ruhig in die Hände des Arztes – es gab keine Tränen, keine Zweifel, nur das Gefühl, einen Auftrag erfüllt zu haben.

Frau W. wurde meine neue Assistentin. Sie hielt eine Feuerstelle in Gang, um meine Spritzen auszukochen, sie wusch Bandagen aus und hielt die Klinik sauber. Zur Nacht teilte sie meine Decke mit mir, und wir arbeiteten zusammen und sprachen wenig. Abends zündeten wir gewöhnlich ein Feuer an, setzten uns alle darum und – sangen. Wir nahmen ein Bad im Fluß und kehrten zur Arbeit zurück. Patienten kamen und verließen uns wieder, die Tage gingen vorbei. Eines Morgens, als ich aufwachte, war meine Helferin verschwunden. Ich vermißte sie, aber das Leben war so erfüllt, daß ich sie wohl schnell wieder vergessen hätte.

Einige Tage später fand ich, als ich erwachte, ein kleines weißes Taschentuch bei meiner Decke. Es war mit Erde gefüllt. Ich nahm an, es sei ein abergläubisches Zeichen einer meiner Patienten, und legte es gleichgültig auf das Regal. Als es Nacht wurde und ich aufräumte, bemerkte ich dieses weiße Taschentuch wieder. Eine Frau aus dem Dorf bat mich geradezu, ihm Aufmerksamkeit zu widmen. Mehr um ihr den Wunsch zu erfüllen als aus anderem Grund, sah ich mir diese seltsame Gabe noch einmal an. Es war einfach Erde – aber unter der Erde lag ein kleines Stück

Papier: »Von Frau W., deren letztes von dreizehn Kindern du gerettet hast, gesegnete polnische Erde.« Spät in dieser Nacht saß ich am Lagerfeuer, blickte in den wolkenlosen Himmel und hoffte, daß Frau W. ihren Weg sicher und gesund nach Hause finden würde. Welch ein wunderbares Geschenk! Nur eine Mutter hatte in dieser zeitlosen Umgebung den Ablauf der Zeit verfolgen können. Sie wußte, daß es an der Zeit gewesen war, ihren Sohn aus dem Krankenhaus zu holen. Sie nahm ihn mit nach Hause; sie hatte immer gewußt, daß sie es tun würde. Und weil sie wie Hunderte anderer Familien in einem Erdloch – alle Häuser waren zerstört – lebte, hatte sie mir nichts zu schenken. Nichts? Sie wußte, daß ich Kraft und Glauben nötig hatte, um diese Arbeit durchzuhalten. So nahm sie einfach eine Handvoll Erde, marschierte noch einmal einen ganzen Tag zu der einzigen verbliebenen Kirche und ließ die Erde segnen, um daraus ein besonderes Geschenk zu machen. Dann marschierte sie langsam diesen endlos langen Weg durch ein Land, das wir das »polnische Sibirien« nannten, zurück zu unserem Lager, um mir leise ihr Geschenk zu übergeben. So leise, wie sie das erste Mal gekommen war, schlüpfte sie dann während der Nacht wieder davon, um zu ihrem Sohn zurückzukehren, dem einzigen Kind, das von dreizehn übriggeblieben war!

Ich trug diese Erde mit mir und klammerte mich daran fest, als ich auf meinem Heimweg in Deutschland niedergeschlagen wurde. Ich behielt sie in dem deutschen Krankenhaus, wo niemand mit mir sprechen wollte, weil man glaubte, ich sei Polin. Ich hielt sie fest, als ich endlich die Schweizer Grenze überschritt mit der Absicht, zu einem gesetzteren, »zivilisierten« Leben zurückzukehren, um Medizin zu studieren, um noch mehr Müttern und mehr todkranken Kindern zu helfen – aber dann hoffentlich mit mehr Hilfsmitteln, mehr Medikamenten und mehr Wissen. Die Fragen, auf die ich im letzten eine Antwort suchte, waren diese: Woher bekommt ein Mensch die innere Stärke und den Gleichmut, sich solchen Krisen im Leben zu stellen, wie diese polnische Mutter? Und vielleicht noch wichtiger: Was verwandelt Menschen mit demselben menschlichen Potential in wundervolle, sorgende und liebevolle, sich selbst aufopfernde Menschen wie jenes jüdische Mädchen – oder im Gegenteil in haßerfüllte, zerstörerische Kreaturen wie die Nazis?

Es ist meine tiefe Hoffnung, daß mehr Menschen von diesen Fragen betroffen werden.

Ich bin davon überzeugt, daß diese Erfahrungen mit der Wirklichkeit des Todes mein Leben bereichert haben, mehr als alle anderen Erfahrungen, die ich gemacht habe. Sich dem Tod zu stellen, bedeutet, sich der abschließenden Frage nach dem Sinn des Lebens zu stellen. Wenn wir wirklich leben wollen, müssen wir den Mut zur Erkenntnis haben, daß letzten Endes das Leben sehr kurz ist und daß alles, was wir tun, zählt. Wenn der Abend unseres Lebens anbricht, werden wir hoffentlich die Möglichkeit haben, zurückzublicken und zu sagen: »Es war die Mühe wert, denn ich habe wirklich gelebt.«

Bal Mount
Ein Brief an Elisabeth
Carol gewidmet

In dem sehr bewegenden Beitrag, der nun folgt, läßt uns ein mir bekannter Arzt (der nach meinem Eindruck mit der Wissenschaft wie mit der Kunst der Medizin wohlvertraut ist) teilhaben an den Erfahrungen, die er persönlich und von Berufs wegen gemacht hat und die ihn in meinen Augen von den vielen unterscheiden, die immer noch nicht verstehen können, was wir in unseren medizinischen Ausbildungsstätten über die Pflege Sterbender lehren müssen. Auf dem Wege zum Flughafen in Montreal hatten wir ein persönliches Gespräch, in dem er bekümmert schien und mir schließlich von einem Schuldgefühl erzählte, dessen er sich während meiner Vorlesung über die Bedürfnisse des Sterbenden bewußt geworden war. Er war kürzlich von einer todkranken Lehrschwester um eine Konsultation gebeten worden. Er hatte sich die Ergebnisse ihrer Nierenuntersuchung und die Röntgenaufnahmen angesehen, aber er hatte »keine Zeit« gehabt, sie persönlich aufzusuchen. Er war sich dieses Verhaltens gar nicht bewußt gewesen, bis er in meiner Vorlesung gesessen hatte, und jetzt bedrückte es ihn offensichtlich. Bevor ich mich von ihm verabschiedete, bat ich ihn um zwei Gefälligkeiten: einmal auf dem Heimweg sogleich die Patientin zu besuchen, um danach in der Lage zu sein, das Wochenende mit seiner eigenen Familie wirklich zu genießen; und zum andern einige der Einflüsse für mich niederzuschreiben, die seine Vorstellung vom Tod geformt hatten und die ihn von den meisten Ärzten unterscheiden, die ich kennengelernt habe, seit ich meine Arbeit über den Tod und das Sterben begann. Auf den folgenden Seiten findet sich seine Antwort an mich. Es ergaben sich, wie ich glaube, interessante Parallelen zwischen dem Bericht von seinen Lebenserfahrungen mit

dem Tod und meinen eigenen wie denen der anderen Diskus-
sionsteilnehmer in diesem Buch.

Liebe Elisabeth,

Ihre energische Aufforderung, daß ich einiges zu Papier bringen sollte über die Einflüsse, die meine Vorstellung vom Tod geformt haben, hat mich während der ruhelosen Stunden der letzten Nacht in Gedanken beschäftigt. Vergessene Erfahrungen – nicht wirklich vergessen, weil sie zu unzerstörbar sind, nur verstaubt und verräumt – wurden wieder entdeckt, herausgesucht und geprüft.

Ich ging einmal in die kleine, von Bücherregalen eingefaßte Bibliothek meines Vaters, als meine Eltern eine unlängst gemachte Fotografie betrachteten.

»Ach, wie bin ich in den letzten drei Jahren älter geworden«, bemerkte Vater verwundert. Mutter stimmte zu. Ich war damals sechs Jahre alt, aber an den Klumpen, der in meiner Brust anschwoll, und an mein Gefühl der Panik könnte ich mich nicht lebhafter erinnern, wenn es gestern geschehen wäre: Vater wird alt. Er wird bald sterben.

Später forderte mich der Lehrer auf, noch in der Klasse zu bleiben, und, den Arm um mich gelegt, versuchte er eine Erklärung für die stummen Tränen herauszulocken, die er an diesem Nachmittag bemerkt hatte. Ich brachte es nicht über mich, von meiner Angst zu sprechen. Schließlich fragte er mit dem Ton des Allwissenden: »Gibt es Ärger zu Hause?« Dankbar für diese Möglichkeit der Ausflucht nickte ich und fühlte mich etwas schuldig, als ich seinen Gesichtsausdruck bemerkte und den täuschenden Anschein häuslichen Durcheinanders spürte, den ich damit hervorgerufen hatte.

Zwei andere Erfahrungen der Kindheit kamen gestern nacht an die Oberfläche, als der Staub beiseite geblasen wurde. Die erste ereignete sich ebenfalls, als ich sechs war, und betraf Fräulein S., ein freundliches älteres Fräulein, das uns Milch und Kekse schenkte und in der Nähe wohnte. Fräulein S. war ein Teil der Familie. Sie lebte in einem geräumigen Haus, das in meinen kindlichen Augen eine bedrückende Atmosphäre hatte. Aber jetzt lag sie im Sterben wegen eines Metastasenkrebses. Bei seinem letzten Hausbesuch, bevor sie starb, nahm mich Vater in seiner Weisheit mit. Er ging zuerst hinein, untersuchte sie und vermittelte ihr das Vertrauen auf seine ruhige und überzeugende Gegenwart und Hilfe.

Er war ein hochgewachsener, eindrucksvoller Mann mit einer kompromißlosen moralischen Ader, und sein Zugang zu seinen sterbenden Patienten entsprang aus einer tiefen Sorge um das Leiden anderer und seinem unablässigen Interesse an ihrem persönlichen Leben und Fühlen. Nachdem er Fräulein S. gefragt hatte, ob sie mich sehen wolle, führte er mich an ihr Bett. Ihr mageres gelbes Gesicht, ihr Lächeln, mit dem sie mich begrüßte, ihre dünne ausgestreckte Hand, seine Ruhe in ihrer Gegenwart gruben sich in mein Gedächtnis ein.

Zum ersten Mal hatte ich in das Gesicht des Todes geschaut – eines Todes, der willkommen sein würde als Übergang zum Frieden.

Als ich vierzehn war, mußte meine Mutter einen operativen Eingriff bei sich vornehmen lassen, und während der postoperativen Periode war eine Zeitlang ihr Überleben in Frage gestellt. Erinnerungen wie Vignetten sind übriggeblieben. Das von Sorge kantige Gesicht meines Vaters; seine ruhigen, vorsichtigen Worte, als er eines Abends an meinem Bett saß: »Deine Mutter ist wirklich sehr krank«; unsere Gebete, daß es ihr besser gehen möge; Augenblicke in einem leeren Krankenhauskorridor vor der geschlossenen Tür zu ihrem Zimmer, während man versucht, sie sich in ihrer Krankheit vorzustellen, und unfähig dazu ist; der Gedanke, sie könne sterben. Ich war mir in sehr frühem Alter der Vergänglichkeit des Lebens bewußt.

Wer könnte die anderen Ereignisse bestimmen, die meiner frühen Vorstellung vom Tode Konturen gaben: die Einwirkungen einer Gesellschaft, die den Zweiten Weltkrieg erlebt hatte, die Radiosendungen, denen man hinter dem Rücken des großen Bruders zuhörte, wenn Mutter nicht zu Hause war . . .

Dann, in den Teenagerjahren, jener sonnige Sonntagnachmittag im Herbst, als wir den Zweihundert-Kilometer-Flug antraten, um meinen Bruder Jim auf seiner medizinischen Schule zu besuchen. Später sagte man uns, daß eine Verbindungsstange gebrochen war. Was wir erlebten, waren die den Kopf hin- und herreißenden Vibrationen eines völlig außer Kontrolle geratenen Wildpferdes. Wir verloren schnell an Höhe. Zäune rasten vorbei, als wir über gepflügte Felder streiften. Ein Heuschober fuhr an der Flügelspitze vorüber. Kalter Schweiß, klopfende Pulse, schwarzes Öl, das über den Flugzeugrumpf strömt, Vaters Hand auf meinem Knie: »Ich fürchte, mein Junge, das ist es nun.« Die rammenartige Vibration der überbeanspruchten Maschine – unter Hochspannungsdrähten hindurch über eine Landstraße in eine Reihe stattlicher Ulmen hinein; das Flugzeug drehte sich wie verrückt herum, als die rechte Tragfläche auf dem Asphalt abriß. Unser Flugzeug überschlug sich und kam schlagartig vor einem gemauerten Bauernhaus zum Stillstand. Niemand war ernsthaft verletzt. Eine Vorstellung war bestärkt worden – Leben ist vergänglich.

Tage in der medizinischen Schule: »Glauben Sie nicht, daß ich mir die Zeit nehmen werde, Ihnen etwas beizubringen, aber wenn Sie wollen, können Sie mitkommen«, donnerte Ford Connell auf seine charakteristische Weise, die Augenbrauen emphatisch emporgezogen, seinen Kopf nach vorne stoßend, so daß seine starren Augen nur noch Zentimeter von meinem Gesicht entfernt waren. Und so stimmte unser geliebter »Old Ironside«, unser stiernackiger Professor für Medizin zu, daß ich mich ihm während seiner wöchentlichen privaten medizinischen Besuchsrunden am Sonntagmorgen anschloß. Er war ein ausgezeichneter Kardiologe und Allgemeinmediziner. Als großer Lehrer widerstand er niemals einer Gelegenheit, eine klinische Einzelheit zu demonstrieren, und so begann für mich eine Serie von studienverkürzenden allwöchentlichen Einweihungen in Allgemeinmedizin.

Nach zweieinhalb Stunden Besuchen, nach einem gemeinsamen Kaffee und einem Stück Kuchen ging ich bereichert jede Woche davon. An dem Tag, an dem wir uns zum letztenmal trennten, konnte ich spüren, wie mir Dankesworte nur in der Kehle stecken blieben und in mir etwas aufstieg, das ich mit Anstrengung hinunterschlucken mußte. »Ja, Mount, vielleicht haben Sie nicht viel über Medizin gelernt, aber ich hoffe, Sie haben gelernt, wie man mit Menschen umgeht«, brummte er und drehte sich auf der Stelle um, als ich gerade entdeckte, daß seine Augen eine ähnliche Empfindung verrieten. Maimonides hat gesagt: »Laßt mich in dem Leidenden nur den Menschen sehen.« Ford Connell erreichte dieses große Ziel und lebte es Generationen von Medizinstudenten an der Queen's University vor.

Ich war noch auf der Wachstation und kam aus der Narkose zu mir, als sich mein Chirurg über mich beugte und mir anvertraute: »Es war ein bösartiger Tumor, Bal.« – Als mein Kopf wieder klar und ich wieder in meinem Zimmer war, gab es keine quälenden Stunden des Zweifels und der Angst. Ich wußte es schon. »Warum ich?« Ich kam gerade aus der medizinischen Ausbildung, meine Frau war schwanger – warum ich? Aber dieser Gedanke wurde abgebrochen. Einige Tage zuvor hatte die Ermordung von Präsident Kennedy die Welt gelähmt. Mit den Worten von Sir Alec Douglas Home, dem englischen Premierminister, war es »eine dieser Zeiten im Leben, wo das Herz und der Verstand stillstehen. Alles in einem schreit auf unter Protest.« Und wir alle hatten uns gefragt, warum nicht wir an seiner Stelle hatten sein können? Nein, mit diesem Gedanken im Bewußtsein konnte man kaum fragen: »Warum ich?« Aber im Verlauf der Tage trat zu der gewichtigen Besorgnis über den gefährlichen Charakter meiner Krankheit ein Gefühl des Unbehagens. Warum war meine Familie allem Anschein nach nicht tiefer besorgt? Oh, natürlich machten sie sich Sorgen. Und dennoch schienen sie so fröhlich und so gerne bereit, über Dinge zu diskutieren, die so verdammt unwichtig zu sein schienen. Und welche Ironie! So nahe wir uns standen, die Familie eines Mediziners, dennoch konnten wir unsere Ängste nicht besprechen. Die einzige direkten Bezüge auf den Tumor waren die willkommenen humorigen Witzchen meines Bruders nach dem chirurgischen Eingriff, er habe einen Bruder, der filetiert worden sei, und Vaters Bemerkung zum pathologischen Befund. Erst viel später konnte ich die »Verschwörung des Schweigens« zerreißen und zum erstenmal von den tränenreichen Zusammenkünften zwischen meinen Eltern und meiner Frau hören . . . von ihrer Sorge, ihrer Liebe.

Jede Rekonstruktion jener düsteren Tage würde unvollständig sein ohne einen Hinweis auf die zentrale Rolle, die der persönliche Glaube spielte. Die Gebete meiner Freunde, meiner Familie und meine eigenen brachten mir die klare Erkenntnis darüber, um was zu beten war – nicht um Heilung, sondern um Verständnis, Ruhe und Stärke. Mit Erstaunen fand ich heraus, daß es dafür Ressourcen gab, und ich gelangte zu einem grundlegend neuen Bewußtsein dessen, was ein persönlicher Glaube bedeutet. In den dunkelsten Stunden der Verzweiflung entsprangen Quellen der Kraft.

Als mir ein Jahr früher meine Schwiegereltern einen Band mit den drei Büchern Tom Dooleys schenkten, hatten sie hineingeschrieben: »Wir hoffen, daß Du Erfüllung findest wie er.« Diese Wünsche schienen nun einen unerwartet abgekürzten Weg zur Verwirklichung zu nehmen. Ich grinste über die grimmige Wendung des Schicksals, aber ich fing an, dieses Buch zu lesen, zu dessen Lektüre ich vorher keine Zeit gefunden hatte. Die Anmut dieses jungen irisch-amerikanischen Chirurgen und Heiligen, der das medizinische Hilfsprogramm für Südostasien ins Leben rief, als er mit seiner eigenen tödlichen Erkrankung konfrontiert war, war eindrucksvoll.

Durch Tom Dooley wurden mir zwei echte Wahlmöglichkeiten lebendige Wirklichkeit. Die Antwort auf die Frage: »Wieviel Zeit habe ich noch?« wurde zur Frage: »Es sind noch ›x‹ Tage übrig und, gleichgültig wie lange ›x‹ ist, es gibt nur zwei Möglichkeiten: sie in Verzweiflung zu verbringen oder sie wirklich ganz und gar zu leben, sie zu etwas zu machen, was zählt, wie es Dooley tat.« Es wäre unmöglich, die Bedeutung dieses Augenblickes zu übertreiben. Er führte zu der nächsten Erkenntnis, daß wir wirklich alle im selben Boot sitzen und noch ›x‹ Tage zu leben haben. Selbst wenn ich vom Krebs geheilt werden würde, wäre ich heute einen Tag näher an meinem Tod als gestern. Wir sind es alle. Für uns alle entscheidet daher nicht die Quantität des Lebens, sondern seine Qualität. Es bedurfte bei mir einer schweren Krankheit, um mein Leben mit einer Perspektive zu versehen und mir die Vorstellung des Sterbens als einer Erfahrung der Reife zu eröffnen.

Jahre später stand ich in hingerissener Faszination im Hintergrund eines überfüllten Auditoriums und hörte Ihnen zu, wie Sie die Stufenfolge beschrieben, die wir durchlaufen können, bis wir den Punkt der Einwilligung in unseren Endzustand erreichen. Meine Krankheit war meine persönliche Hinführung zu den Wahrheiten, die ich später über den Akt der Einwilligung von Patienten hörte.

Wenige Monate später brachte ein Ereignis uns als Familie die Gefühle der Hinterbliebenen nahe. Drei Monate nach meinem Tumor starb die Frau meines Bruders während der Geburt. Betty war eine hervorragende Pianistin und eine hingebungsvolle Ehefrau und Mutter gewesen, ein lebenssprühender Brennpunkt unserer Familie. Sie war achtundzwanzig Jahre alt. Der Zorn, die Schuldgefühle, die Verleugnung und Abwehr (bis hin zu physischem Erbrechen) waren überwältigend.

Die erste harte Lektion wartet auf einen, erhebt man den Anspruch, auf der Grundlage vergangener Erfahrungen tüchtig geworden zu sein, dem Tod standzuhalten. In mir blitzt die lebhafte Erinnerung an den Gesichtsausdruck meines sechsjährigen

Jungen auf: wechselnd von wilder Erregung zur Angst, als er
kämpfte, um die Kontrolle über sein stürzendes Fahrrad wiederzugewinnen. Er war den verbotenen Abhang hinuntergerast bis
zu einem Punkt mir gegenüber, wo das Rad umstürzte und er
wie ein Stück Blei über die Lenkstange fiel und mit dem Gesicht
auf dem Zementboden aufschlug. Er lag in tiefer Bewußtlosigkeit
und Starre, als ich ihn ungläubig und voller Schrecken umdrehte.
Die Minuten und Tage, die folgten, verfluchte ich Gott aus der
Tiefe meines Wesens. Mein Sohn erholte sich wieder, und ich
habe niemals wieder von mir behauptet, die »Frage der Akzeptierung des Todes« gemeistert zu haben. Wie Don Quichotte den
Flügeln der Windmühle, müssen wir uns immer wieder neu dem
Tod stellen, jedesmal, wenn er uns begegnet.

Es war zehn Jahre später. Ich ging in das Zimmer der Patientin und stellte mich vor. »Ich freue mich, Sie zu sehen,« sagte
sie, »ich warte schon einige Tage auf Sie.« Carol sah blaß aus auf
ihren hochgeschichteten Kopfkissen und zwang sich zu einem
dünnen Lächeln. Ich benutzte die Gelegenheit, ihr meine Ver-
spätung zu erklären und dabei den Weg zu einer offenen Unter-
haltung mit dieser jungen Patientin, einer Lehrschwester, zu eröffnen. »Es tut mir leid, daß ich aufgehalten worden bin. Bedeutet
Ihnen der Name Elisabeth Kübler-Ross irgend etwas?« »Ja, ich
habe sie vor eineinhalb Jahren sprechen hören, als sie in Montreal war. Sie hat alle Furcht vor dem Sterben weggenommen . . .«
Und Ihre Feststellung, Elisabeth, daß »die besten Lehrer die
sterbenden Patienten selber sind«, bekam plötzlich eine neue
Sinnhaftigkeit. Carols erste Lektion, die ich gerade gelernt hatte:
»Schiebe niemals etwas auf, was du mit oder für einen Sterbenden tun willst.« Drei Tage lang hatte ich den Besuch bei ihr vor-
gehabt. Einfach nicht genug Zeit dafür . . . »Weiße Frau, zwanzig
Jahre alt, Ovarialcarcinom mit Metastasen, erhöhter Blutdruck,
vermehrte Calcium-Ausscheidung im Urin, plötzliche Anfälle,
linke Niere durch Kontrastuntersuchung nicht sichtbar zu machen,
rechte Niere nur wenig sichtbar.« Konnte man für sie urologisch
noch etwas tun?

Ich hatte sie auf der Stelle besuchen wollen. Aber Sie kamen
in die Stadt. Vielleicht hatte diese Lehrschwester von Ihnen gehört; Sie hätten mit ihr zusammenkommen können – vielleicht
eine Erfahrung von höchstem Wert für Carol. Aber ich mußte sie
erst fragen. Ich hätte ja nicht mit Elisabeth Kübler-Ross bei ihr
hereinkommen können, ohne vorher herausgebracht zu haben, ob

sie wußte, daß sie im Sterben lag. Es war auch keine Zeit dafür
da. Wieder diese Ironie. Ich hatte die Zeit, ihr Pyelogramm zu
betrachten, aber es war keine Zeit, ihre emotionalen Bedürfnisse einzuschätzen – der einzige Bereich, in dem wir
hätten helfen können. Wir verfehlten das Entscheidende. Ich
hatte mich gerade von Ihnen am Flughafen getrennt. Air Canada
Flug nach Chicago; und die Worte »Sie hat alle Angst vor dem
Sterben weggenommen« bewirkten, daß ich mich hundeelend
fühlte.

Carol schien es eine Ewigkeit, aber seit der Hochzeit ihrer
Schwester waren nur acht Wochen vergangen. Vorher hatte sie
einen Monat lang an bohrenden Schmerzen im Unterleib gelitten,
und seitdem war sie dreimal im Krankenhaus gewesen, Blutent-
nahme, Durchleuchtung, Elektrokardiogramme, Elektroencephalo-
gramme und chirurgische Eingriffe. »Undifferenzierte Carcinome
aus Keimepithel.« Wie fühlt man sich da, wenn man zwanzig
Jahre alt ist? »Wer oder was half Ihnen am meisten, Carol?«
»Einer der Anstaltsärzte. Eines Morgens nahm er sich die Zeit,
nachdem seine Begleitung gegangen war, stehenzubleiben und
zu fragen: ›Sagen Sie, ich höre, Sie haben letzte Nacht nicht gut
geschlafen. Wie kommt das?‹ Dann haben wir miteinander gesprochen, und ich fühlte mich soviel besser.« Lektion zwei von
Carol: »Es kostet so wenig Mühe, einen großen Unterschied zu
bewirken.«

Bei meinem zweiten Besuch bei Carol waren ihre Eltern anwesend. Draußen in der Halle vertraute mir ihr Vater an, daß es
sehr hart gewesen sei und daß er mehrere Male hatte den Raum
verlassen müssen, um nicht zusammenzubrechen. Und gemeinsam diskutierten wir die Alternativen. »Ich glaube nicht, daß sie
ihre Situation wirklich erkennt«, sagte er zweifelnd. Früher am
selben Tag hatte Carol meine Hand dringlich gedrückt und gefragt: »Meinen Sie, daß es ein Leben nach dem Tod gibt?« Mit
Tränen in den Augen und einem Lächeln, das zugleich sehn-
süchtig und schelmisch war, fuhr sie fort: »Ich hoffe, es gibt
eines. Ich fürchte mich nicht vor dem Sterben, aber ich habe
Angst, meiner Familie weh zu tun und meinem Freund. Ich möchte
nicht, daß sie leiden.« Das Bedürfnis nach rückhaltloser Diskussion war offenkundig. Carols Vater ging in das Zimmer zurück
und nahm ihre Hand. In der Flut der Offenheit, die folgte, wurde
die Verschwörung des Schweigens zerbrochen.

Gegen Ende bewies Carol ihren Mut, ihren Charakter und ihre

Stärke. Ihre Einwilligung, sosehr sie auch auf einer Ebene Wirklichkeit war, wurde doch begleitet von einem Schild des Verleugnens – einer Hoffnung, hinter der sie sich im Laufe der Tage aber weniger und weniger zu verbergen brauchte, bis zu dem Punkt, wo ihr Vater und ich neben ihr standen und sie zu ihrem Vater aufsah und unsere Hände ganz fest hielt mit der Bemerkung: «Das kann so nicht weitergehen. Ich möchte sterben. Es tut mir leid, das zu sagen, Vater, und ich liebe dich so sehr . . .»

In ihren letzten Tagen wurde Carol zu einem geduldigen Lehrer, und wir erfuhren mit Betroffenheit unsere Unzulänglichkeiten als Krankenhaus, das Sterbenden Hilfe gibt. Die Schwester, die der Meinung war, daß man Ärzte nicht mit Carol alleine lassen sollte, weil sie etwas sagen könnten, was sie in Unruhe versetzen würde; der Geistliche, der sich am Ende mit ihr beschäftigte, aber nicht ihren Bedürfnissen entsprechen konnte, weil er nicht wußte, wo sie auf dem Weg zum Glauben stand; die Ärzte, die ein Elektroencephalogramm am letzten Tag ihres Lebens vorbereiteten: Alle lernten von Carol.

Eineinhalb Jahre vorher hatten wir beide in einem überfüllten Mc-Gill-Auditorium einen Abend mit Ihnen erlebt. Für mich war das ein Abend mit neuen Einsichten, denn ich sah den Weg, den ich mit einer bedrohlichen Krankheit hinter mich gebracht hatte, nun in einem anderen Licht. Für Carol war es ein zündender Funke, der sie dazu brachte, ihre Semesterarbeit über »Die Anschauungen des Kindes vom Tod« zu schreiben. Wie wenig vermuteten wir an diesem Abend, wie bald schon der Schüler zum Lehrer werden würde, und am letzten Tag kreuzten sich die Wege von uns dreien wieder. Ihr Brief an Carol erreichte sie am Tage vor ihrem Tod. Als ich in jener Nacht das Krankenhaus verließ, schien es mir, daß wir noch einen weiten Weg vor uns haben, um den Bedürfnissen Todkranker besser zu begegnen. Carol hatte uns unsere Stärken deutlich gemacht, aber noch öfter unsere offenkundigen Unzulänglichkeiten. Sie erinnert uns daran, wenn wir unsere Einstellungen gegenüber dem Sterbenden überprüfen, daß »wir Versprechen einzulösen haben und noch meilenweit gehen müssen, bevor wir schlafen« (Robert Frost).

Anmerkung: Dr. Bal Mount und eine Pflegegruppe arbeiten gegenwärtig in einer besonderen PCU (Abteilung für lindernde Pflege) am Royal Victoria Krankenhaus in Montreal, wo man allen Bedürfnissen todkranker Patienten zu begegnen sucht, eine Abteilung, die auch die Erfüllung eines meiner Träume ist. E.K.-R.

Shirley Holzer Jeffrey
Louie

Weiter oben habe ich gesagt, daß es auf die Qualität des Lebens ankommt und nicht auf die Zahl der Jahre, die wir leben. Carol ist ein Beispiel dafür, denn in der kurzen Spanne ihres Lebens ist sie mit vielen Leben in Berührung gekommen. Louie ist ein weiteres Beispiel. Louies Leben war schwierig, aber schließlich fand er Aufnahme und Liebe, nur um all dies dem grimmen Schnitter Tod auszuliefern. Eine kurze Geschichte seines Lebens und Todes ist hier niedergeschrieben; sie wird veröffentlicht zu seinem Gedächtnis und als Huldigung an dieses wunderbare junge Paar, Louie und Diane, deren Liebe auch andere anrühren wird und die uns helfen könnten, uns der Notwendigkeit, zu leben und zu lieben und heute reifer zu werden, bewußt zu werden – so daß wir eines Tages dieselbe Dankbarkeit für ein Leben, das gewesen ist, ausdrücken können.

Louie, hochgewachsen, schlank, sechzehn Jahre alt. Er hatte in mindestens sieben verschiedenen Heimen gelebt, und nur eine ältliche Großmutter kümmerte sich genug um ihn, um ihm beizustehen und ihm zu helfen, zu der Persönlichkeit heranzuwachsen, zu der er die Voraussetzung besaß. Aber die alte Großmutter wurde allmählich senil und befand sich in einem Pflegeheim. Die sieben Heime, in denen er gelebt hatte, hatten ein jedes aus diesem oder einem anderen Grund beschlossen, daß das Aufziehen dieses Jungen bis zum Mannesalter mehr war, als sie sich zutrauten.

Zu diesem Zeitpunkt trat er in unser Leben. Er hatte im Heim des Christlichen Vereins Junger Männer gewohnt, während er die örtliche Oberschule besuchte. Er kam, um bei uns zu leben – ein scheuer, sensibler Junge, der Angst hatte, Menschen zu trauen, und der hart darum kämpfte, zu erfahren, wer er sei. Er war ein angenehmer Junge, versuchte nachdrücklich, sich zu überzeugen, daß es positive Dinge in seiner Erfahrung gab. Er betonte, wieviel er dadurch, daß er in vielen Heimen gelebt hatte, über Menschen erfahren hätte. Dadurch, daß er Mauern der Vernünftigkeit um sich errichtete, die es ihm erlaubten, mit seiner Erfahrung fertig zu werden, schützte er sich gegen den Zorn über so viele Zurückweisungen. Aber tief in ihm vergraben mußte großer Zorn und Schmerz liegen. Er konnte Menschen nicht trauen, weil sie ihn so viele Male fallengelassen hatten.

Als Louie nach der Antwort auf die Frage »Wer bin ich?« suchte, konnte er nicht auf eine Familie aus Fleisch und Blut hinweisen. Er bewahrte die Bilder und die Gegenstände der Familie, aus der er stammte, wie einen Schatz. Als er fünf Jahre alt war, starben seine beiden Eltern. Aber die Gedenkstücke konnten einem Teenager nur wenig bei der Suche nach seiner Identität helfen. Er entschloß sich, seine Identität zusammen mit Gleichaltrigen auf die einzige Weise, die er kannte, zu finden. Er wurde zum bestangezogenen Jungen in der Schule. In der Kleidung fand er Anerkennung. Er wollte als »Kollege« beurteilt werden, ein Ausdruck, damals zur Beschreibung von jemandem gebraucht, der von den Gleichaltrigen anerkannt und bewundert wurde. Er kaufte einen Sportwagen und gewann mit ihm Beweglichkeit und Anerkennung. Er hatte das unbestimmte Gefühl, daß wirkliche Sicherheit nicht auf diesen Dingen beruhte. Aber seine Erfahrung hatte ihn sehr erfolgreich gelehrt, daß sie auch nicht auf den Beziehungen zu Menschen beruhte. Bei späten Nachtgesprächen gelang es uns oft, diese Mauer ein wenig zu durchdringen und unsere eigene tiefe Sorge um sein Wesen zu bezeugen.

Louie entschloß sich, auf das College überzuwechseln, und durch diese Wahl öffnete er vielen neuen Kämpfen die Tür. Gespräche während der Ferien machten die Intensität seines Kampfes deutlich. Er traf sich mit einem lebhaften Mädchen, das gerne ausging und ihn anzog, weil er offensichtlich etwas für sie bedeutete und sie ihn an die einzige erwachsene Frau in seiner Vergangenheit erinnerte, die er bewunderte. Er war für sie teilweise wegen seiner Vergangenheit anziehend. Er war ganz anders. Sie wollte als Ersatz für das eintreten, was er versäumt hatte. Nach dem College heirateten sie, aber sie war auf die Schutzmauern nicht vorbereitet, die er beibehalten hatte. In der Ehe wurden diese Mauern, die ihn so lange beschützt hatten, bedroht, und er mußte die Qual des Wunsches, nahe bei ihr zu sein, und zugleich die große Furcht, die das Risiko des Vertrauens hervorrief, durchkämpfen. »Wenn ich ihr vertraue, könnte auch sie mich fallen lassen. Wie kann ich sicher sein, daß ich nicht wieder verletzt werde? Habe ich den Mut zum Vertrauen?«

Dieser Kampf war schon groß genug für ein ganzes Leben. Aber dann wurde er krank. Er ging in die Mayo-Klinik, und nach einer Reihe von Untersuchungen betrat dort der Arzt sein Zimmer und verkündete: »Nun, wir wissen jetzt, was nicht in Ordnung ist: Sie haben die Hodgkinsche Krankheit.« Damit drehte sich der Arzt auf dem Hacken um und ließ Louie und seine Frau Diane in ihrem beginnenden Schock zurück. Schrecken überwältigte sie. Tausende von Gedanken und viele, viele Fragen stürzten auf sie ein. Die Fragen verlangten nach Antworten: Was bringt die Hodgkinsche Krankheit alles mit sich? Was wird die Zukunft bringen? Wie sind die Aussichten, zu überleben? Wie lange? Was wird getan werden? Welche Art von Behandlung gibt es? Gibt es überhaupt Hoffnung? Diesen Fragen hätte ein Arzt sich zusammen mit ihnen stellen können. Statt dessen saßen die beiden jungen Menschen in einem Krankenhauszimmer entfernt von ihrem Zuhause und den Freunden und sahen ein ungeheueres und düsteres Unbekanntes mit dem Gefühl äußerster Qual vor sich liegen. Und es gab keinen, der sich die Zeit nehmen würde, ihrem Schmerz, ihren Fragen und ihrer Bedrängnis zuzuhören. Es gab niemanden.

Der Geistliche sah kurz herein. Er hätte ihnen ein aufmerksames Ohr leihen können, um den Empfindungen, mit denen sie konfrontiert waren, zuzuhören. Statt dessen verwickelte er sich in leeres Geschwätz und oberflächliches Gerede über ihre Heimatstadt. Er hatte die Gelegenheit gehabt, einen Dienst zu erweisen, als er durch jene Tür des Krankenhauszimmers getreten war. Als er mit dem belanglosen Geschwätz angefangen hatte, wollten ihn die beiden jungen Menschen nur loswerden. Seine leeren Worte waren wie Schellenklang in dem verschlossenen und engen Raum ihrer Qual.

Louie und Diane kamen aus der Klinik mit dem Wissen nach Hause, daß Louies Krankheit schon weit vorgeschritten war. Die Hoffnung war im günstigsten Fall sehr gering. Was wird die Zu-

kunft bringen? Was wird passieren? Warum werden andere alt,
während sein Leben bestenfalls kurz sein wird? Hodgkinsche
Krankheit!!! Was soll das heißen? Die tiefsten Ängste brennen
sich durch den Körper wie starke elektrische Schläge. »Ich werde
sterben. Ich werde mein gutes Aussehen verlieren. Mein Haar
wird ausfallen. Ich werde aufgeschwemmt aussehen. Ich werde
unattraktiv sein. Wie wird Diane damit fertig werden? Sie hat
mich geheiratet, weil ich stark war und weil sie ein normales
Leben mit Heim und Kindern haben wollte. Ich werde ihr das
nicht geben können. Ich fühle mich deswegen schuldig und zornig und hilflos. Sie heiratete einen gutaussehenden, gesunden
jungen Mann mit Träumen von einem Zuhause und einer Familie,
und jetzt ist sie geschlagen mit einer häßlichen kranken Kreatur,
die noch kränker werden wird und die ihr nichts geben kann.
Jedesmal, wenn ich einen alten Menschen sehe, hasse ich ihn,
nur weil er lebt.« Diese Empfindungen erzeugten viel Feindseligkeit und Zorn und Selbsthaß und Selbstliebe. Verbunden mit dem
Verlust seines Bildes von sich als einem starken Manne war der
Verlust der Hoffnung, erfolgreich zu sein. »Ich werde nicht lange
genug leben, um all denen, die nicht an mich glaubten, zu beweisen, daß ich erfolgreich sein kann.« Verzweiflung, Frustration,
Zorn, Angst und Schrecken wurden alltägliche Gefährten.

Anzeichen des Mitgefühls begannen, ihn zu erreichen. Louie
machte die Entdeckung, daß Menschen sich um ihn kümmerten
und Schmerz empfanden, weil er Schmerzen hatte. Da gab es
welche, die sagten: »Es ist so schwer zu verstehen, warum Gott
so etwas zuläßt.« Sie vermittelten Louie ein Gefühl der Schuld
und intensivierten die natürliche Frage: »Warum ich?« Jemand
sagte: »Gott will nicht, daß du krank bist, sondern er will für dich,
daß du mit deinen Erfahrungen wächst und reif wirst.« Andere
erzählten von Menschen, die sie kannten, und von Tragödien, mit
denen sie vertraut waren, in der Hoffnung, daß das Unglück anderer Louies Schmerz lindern würde. Solche Geschichten erweckten in Louie nur das Gefühl, daß der jeweilige Erzähler sich nicht
mit seinem Schmerz identifizieren und nicht mit ihm fühlen wollte.
Einer schrieb: »Ich denke an dich in Glauben, Hoffnung und
Liebe.« Dieser Brief wurde sehr hochgeschätzt. Er teilte mit, daß
jemand sich sorgte und Schmerz empfand und hoffte. Das war
es, was Louie zu wissen nottat. Niemand konnte seine Lage verändern, aber die Menschen konnten ihm die Unterstützung ihrer
Sorge bieten. Jemand schickte ihm die Worte des 22. Psalms.

Der Psalmist hatte in seinen Worten sehr viel von den Gefühlen eingefangen, die Louie und Diane empfanden.

Die Weihnachtszeit kam, und Louie ging es schlechter. Er mußte ins Krankenhaus gebracht werden. Er fürchtete sich und fühlte sich einsam und verletzlich. Grußkarten begannen einzutreffen; Blumen kamen an; und dann brachte jemand aus dem Betrieb einhundert Dollar, die er bei Arbeitskollegen gesammelt hatte, um zu den Ausgaben beizutragen. Louie war erstaunt und zu Tränen gerührt. Er konnte nicht glauben, daß Menschen sich so sehr um ihn sorgen könnten. Er hatte sein Leben auf der Grundlage aufgebaut, daß Menschen sich nicht kümmern. Nachdem er ins Krankenhaus gekommen war, sagte er eines Tages: »Wenn es etwas Gutes bei der Hodgkinschen Krankheit gibt, dann das, daß ich herausgefunden habe, daß Menschen sich wirklich um mich sorgen. Es ist schwierig für mich, damit fertig zu werden, aber ich bin froh.«

In den ersten Monaten kämpfte er mit einer Frage, mit der er sich wieder und wieder würde beschäftigen müssen. »Wenn ich nicht lange werde leben können, warum soll ich nicht alles tun, was ich tun möchte?« Zu verschiedenen Zeiten hakte er bei Einzelheiten ein: »Warum sollte ich arbeiten?« »Warum sollte ich nicht jeden Abend ein Steak essen?« »Warum sollte ich nicht immer high sein von Drogen, wenn ich es will?« Louie mußte für sich selbst entdecken, daß weder Ausflucht noch die Befriedigung aller Wünsche dem Leben einen Sinn gibt. Louie wurde so aufgeschwemmt, wie er es befürchtet hatte, aber er verlor nicht sein Haar. Die tägliche Qual, mit dem Wissen um die Krankheit zu leben, verursachte bei ihm Phantasien, daß er ein Mädchen treffen würde, die auch die Hodgkinsche Krankheit hatte, und sie würden gemeinsam irgendwo auf eine Insel gehen. Diese Phantasie beschrieb die tiefe Sehnsucht nach jemandem, der wirklich seine Empfindungen verstand, und jenes Mädchen würde sie nur dann kennen, wenn auch es selbst sie wirklich erfahren hätte.

Ein Jahr ging vorüber. Ein weiteres Weihnachtsfest rückte heran, und Louie befand sich wieder im Krankenhaus. Diesmal erfuhr er, daß die Krankheit fortgeschritten war und daß das Medikament, das sie benutzt hatten, nicht mehr wirkte. Seine Lungen waren angegriffen, und sein Rückgrat drohte zu zerbrechen. Sie mußten ihm große Dosen Kobalt geben, um die schwache Stelle zu stärken. Ein neues Medikament wurde benutzt, und es war nicht so wirkungsvoll wie das andere, aber es rief auch nicht den schrecklichen Brechreiz hervor. Die Neuigkeiten verursachten eine neue Welle des Schreckens. Nach zwei Wochen beendete er die Kobalt-Behandlung und ging nach Hause zurück, aber nur um innerhalb von siebenundzwanzig Stunden fast tot wieder zurückzukehren. Sein Zustand war bedrohlich. Er antwortete niemandem. Und wir mußten uns mit der Aussicht befassen, ihn zu verlieren. Um vier Uhr am Nachmittag öffnete er die Augen und sprach die ersten Worte an diesem Tag. Wir waren erleichtert. Er würde es diesmal schaffen. Thrombozyten (Blutplättchen), die in sein Blut geleitet wurden, brachten Louie sehr bald wieder zurück. An einem Tag war er beinahe tot, und am nächsten Tag stand er auf, um sich zu rasieren. Er war damit konfrontiert, wie schnell er sich verändern konnte – in beide Richtungen.

Wir unterhielten uns. Er sagte, er sei froh, im Krankenhaus zu sein, denn dann würden die Menschen merken, wie krank er sei und daß sein Zustand ernst sei. »Ich muß nicht so tun, als wäre ich stark, wenn ich im Krankenhaus bin. Menschen kommen mich besuchen, und sie wissen, daß ich wirklich krank bin.« Dennoch gab es eine andere Seite in ihm, die fürchtete, schwach zu sein. »Ich kann es nicht hinnehmen, schwach zu sein. Ich bin zornig. Und ich weiß nicht, was ich tun soll. Ich heule über jede Kleinigkeit. Ich kann meine Gefühle nicht kontrollieren.« Er war so frustriert und verängstigt. Er sagte später: »Der Gedanke daran, was sich in meinem Körper ereignet, ist schrecklich. Mir kann es soviel schlechter gehen, und ich weiß es noch nicht einmal, bevor ich nicht meine Knoten jeden Morgen überprüft habe. Muß ich jetzt auch noch meine Knochen prüfen??« Das Unbekannte begegnet einem als schreckliches Monstrum.

In den Wochen nach dieser letzten Einlieferung ins Krankenhaus fühlte Louie, daß der Tod schon an der nächsten Ecke stand, und geriet in Schrecken. Der einzige Weg, den er kannte, mit etwas fertig zu werden, war, Schlaftabletten und andere Drogen in solchen Quantitäten zu nehmen, daß sie ihn niederstreckten. Es gelang ihm beinahe, sich ständig bewußtlos zu halten, und so mußte er ins Krankenhaus zurückkehren.

Ihn packte die nackte Angst. Er haßte sie. »Warum kann ich nicht so wie der Mann sein, der niemandem erzählte, daß er Krebs hatte? War das nicht eine viel eindrucksvollere Persönlichkeit als ich es bin?« Ich sagte ihm: »Vielleicht war der Mann sogar noch erschrockener. Wenn niemand davon wußte, dann konnte er so tun, als sei er gar nicht krank und konnte es sogar nicht einmal sich selbst zugeben.« Ein Ausdruck der Erleichterung ging über Louies Gesicht. Er fuhr fort: »Als ich zu einer Leberuntersuchung hinunter ging, rief ein Mann: ›Warum hört ihr nicht mit all dem auf und laßt mich sterben?‹« Ich sagte: »Dich ängstigt die Frage, wie es sein wird.« Er erzählte mir, wie sehr er erschrocken war. Schließlich erzählte er, er habe von dem Footballspieler, der auch die Hodgkinsche Krankheit hatte, gelesen, der zum Karneval gehen wollte, aber starb, bevor er dort war. Die Zukunft ist so unbekannt. Wann wird der Tod kommen? Wird es eine Warnung geben? Wird er allmählich oder schnell kommen? Kann man ihn vermeiden? Die Ängste kamen taumelnd ans Licht.

Ich ging nach Hause und schrieb an Louie:

Ich weiß nicht,
ob Du es fühlst,
wie ich es fühle.
Vielleicht nicht.
Aber für mich
gibt es eine Dimension
der Liebe,
die ich für Dich empfinde,
und die ist absolut
einzigartig!!
Ich weiß ganz sicher,
daß mit jedem Monat,
der vorübergeht, Du
mir wertvoller wirst.
Und einer der Gründe,
warum das so ist,
ist, weil Du nicht
Dich verbirgst hinter Masken,
sondern teilst
Deine Schmerzen und Sorgen,
Ängste und Träume,
Phantasien und Freuden,
den Zorn und die Einsicht.
Mein Anteil an Deinen
Kämpfen, er brachte
eine Dimension in mein Wesen,
die zuvor nicht bestand.

Habe Dank, daß Du sie mit mir teiltest.

Mein Schmerz ist nur ein winziger Teil Deines Schmerzes.
Aber selbst dieser winzige Teil
ist manchmal für mich schwer zu tragen.

Kein Zweifel, ich fühle mich schwach
wie Du auch.
Doch ich sage: »Gepriesen sei Gott für diese Schwäche.«
Denn auf irgendeine Weise
liegt im geteilten Gefühl der Schwäche
ein Sinn, den niemals erfahren
die sogenannten Starken, die das Gefühl ihrer Schwäche
verleugnen müssen.

Louie rahmte diese Worte ein und hängte sie an die Wand
seines Zimmer. Ihre Beteuerung hatte für ihn Bedeutung. Zu oft
werden Gefühle nicht ausgesprochen. Die Beständigkeit des
niedergeschriebenen Wortes wird oft von den Empfängern ge-
schätzt.

Louie ist gestorben. Seine Befürchtungen eines sich hin-
ziehenden Todes waren unbegründet. Sein Todeskampf dauerte
nur eine Woche. Aber in dieser Woche lag so viel physischer
Schmerz und so viel Frustration. Wovor er sich zwei Jahre hindurch gefürchtet hatte, war nun eingetreten. Da war der Todeskampf, der durchgestanden werden mußte. Vielleicht ist er für
die Reifung des Charakters ebenso notwendig wie die Hitze zur
Härtung des Stahls. Auf den Todeskampf folgte – drei Stunden
bevor er starb – die große Bejahung. Eine halbe Stunde lang trat
er mit allen Schattierungen des ihn bezwingenden Geistes in Verbindung, wortlos, nur ein ununterbrochenes intensives »Ummmm
Hummmmm, um hum, ummm hummmm!« Was bedeutete das?
Sicherlich lag darin Dankbarkeit; Dankbarkeit für das, was gewesen war, aber auch für das, was werden sollte. Während sein Geist
bei uns blieb, schien er etwas vom Ewigen anzunehmen. Es war
ein solch starker intensiver Klang. Es war kaum zu glauben, daß
genügend Kraft für solch eine Bezeugung zusammengebracht
werden konnte. Ummmm Hummm!!! ummm hummm! HUMMMM
HUMMMMM!!!

Tod ist jetzt nicht mehr ein Wort, das ich zu vermeiden suche.
Er ist eine Erfahrung, dessen Nähe ich spürte, als ich dabeisaß
und Schmerzen und Qualen empfand und mich auf den Akt des

Sterbens eingelassen hatte. Am Anfang der Woche spürte ich den Schmerz, die Frustration, die Angst und die Bedrängnis. Er sagte, er würde darüber erst am Freitag sprechen. Später in der Woche empfand ich den Mut, die Konfrontation, den Todeskampf und die Frustration. Ich hatte Angst. Ich wollte weglaufen. Ich wollte frei sein.

Am Freitag hatte ich ein Gefühl des Sieges, der Überwindung und schließlich der Erwartung. Ich fühlte meine Seele so entblößt wie nie zuvor. Ohne Zweifel waren dies die Augenblicke in meinem ganzen Leben, die am meisten mit Gefühlen erfüllt waren. Er hatte die Augen weit offen, er hielt Dianes Hand mit großer Kraft und sang sein Lied der Bejahung: Ummm Hummm! Ummm hummm!! Ummm Hummm!! Und vor meinen eigenen Augen sah ich, daß das Sterben eine Geburt ist. Das ist entsetzlich schwer. Es mag vielleicht das Schwerste sein, was ein Mensch jemals tut. Aber man taucht aus dem Dunkel auf in das Licht.

Louies siegreicher Geist legte Zeugnis ab für ein neues, uns nur andeutungsweise bekanntes Kapitel.

Durch diesen Schmerz werde ich mein ganzes Leben lang reicher sein! Neue Einsichten in das Leben sind geboren worden. Das Leben muß so gelebt werden, daß man durch jedes Minus einen Strich macht und es in ein Plus verwandelt. Wenn man die Erfahrung des Todeskampfes machen muß, dann gibt es Menschen, die bereit sind, etwas von der Last wegzunehmen. Wo es Leiden gibt, findet sich auch die Gabe der Tapferkeit. Tapferkeit kommt sowohl von außen wie von innen. Die wichtigen Augenblicke im Leben sind diejenigen, die man mit anderen teilt, was immer auch der Preis dafür ist. Wenn Schmerzen geteilt werden, entsteht das Gefühl der Nähe. Die Gabe der Liebe ist die wertvollste Gabe, und es ist möglich, sie am vollkommensten am Ende des irdischen Lebens auszudrücken. Durch diesen Schmerz werde ich mein ganzes Leben hindurch reicher sein. Neue Einsichten in den Tod sind aufgetaucht. Tod ist ein weiterer Anfang, nicht ein Ende. Der Tod ist nur eine neue Geburt in einen neuen Zustand. Man braucht den Tod nicht zu fürchten, ebensowenig wie die Geburt. Wenn der Körper zu sein aufhört, taucht der Geist empor, frei und unbelastet. Durch diesen Schmerz werde ich mein ganzes Leben hindurch reicher sein!

Schmerz

Tief innen tut es weh.
Man fühlt sich verringert,
weniger, als man gewesen ist.
Leer,
beraubt –
verloren und unvollständig.
Schmerz ist ein Wort, das weh tut.
Aber wenn es jemanden gibt,
der dieses Gefühl teilt,
dann wird es erträglich
und paßt in den Plan der Dinge;
eine Zeit der Existenz,
die starkes Empfinden umfaßt
und so eine Zeit der Nähe,
reifen und jemand werden,
der mehr ist,
als wir es zuvor waren.

In memoriam

Wir verstreuen die Asche –
alles, was faßbar zurückbleibt
von Louie Peter Knudsen.
Aber dankt Gott für das Unfaßbare –
die Wirkung seines Lebens auf das unsere.
Wir erinnern uns an:
– das Lächeln
– das Stirnrunzeln
– den spöttischen Blick
– die Liebe
– den Mut
– den Schmerz
– den Gram
– die wichtigen Augenblicke
– die lustigen Zeiten
– die Zeiten des Suchens
– die Augenblicke des Wagens
– die große Zeit der Bejahung.

Solange wir leben,
werden wir geprägt sein
von diesem Einfluß.
Er öffnete uns viele Türen –
Türen zu Zusammenhängen des Sinns.
Wir werden immer das Gefühl behalten
für die Bedeutung des Lebens.
Wegen Louie werden wir anders leben.

Liebe – Dankbarkeit

Die Qual ist zu groß . . .
und dennoch werde ich ihr standhalten.
Hätte ich nicht so sehr geliebt,
wäre mein Schmerz nicht so groß.
Aber, weiß der Himmel, ich würde
diese wertvolle Liebe nicht verringern wollen
um den Bruchteil eines Gramms.
Ich werde Schmerzen haben,
aber ich werde für den Schmerz dankbar sein,
für sein unverhülltes Zeugnis
der Tiefe unserer Bedeutung,
und dafür werde ich ewig
dankbar sein.

Orville Kelly
Für meine Frau Wanda

Wenn ich dieses Manuskript betrachte, denke ich an viele Menschen – Freunde und Patienten –, die ich in den vergangenen Jahren verloren habe. Ernest Becker, der Autor des Buches »The Denial of Death«, das in deutscher Sprache unter dem Titel »Dynamik des Todes« erschienen ist, starb wenige Wochen, nachdem ich den Vorzug genossen hatte, sein Manuskript durchsehen zu dürfen. Er vollendete damit ein wirkliches Meisterwerk. Jacques Choron, ein anderer bedeutender Autor, starb, gerade als ich sein Manuskript über den »Selbstmord« gelesen hatte, und Alsop folgte ihm wenige Monate später nach. Carol, Louie und viele andere hinterließen ihre Spuren. Ein todkranker Patient, der landesweit Wirkung erzielt hat, ist Orville Kelly – ein Mann in den Vierzigern, voller Krebs, der durch sein Leiden die Organisation »Laßt das Heute zählen« aufgebaut hat. Menschen aller Altersstufen mit tödlichen Krankheiten kommen hier zusammen einzig in der Absicht, die Einsamkeit und Isolierung derer zu bekämpfen, die sterbenskrank sind; um aneinander Anteil zu nehmen und sich zu helfen. Natürlich wird man sich lange an Orville Kelly erinnern als den Begründer einer landesweiten Organisation. Aber wir sollten hinter all dieser Arbeit, all diesen schöpferischen neuen Ideen, die dem Leiden und der Verzweiflung entsprungen sind, nicht den sterbenden Mann vergessen, der gerne leben würde und der weiß, daß er bald denen, die er liebt, adieu sagen muß.

Seine eigenen Empfindungen, der Trost, den er gefunden hat, werden in einem Gedicht an seine Frau deutlich, das Orville mir zum Geschenk machte und das ich immer als Schatz hüten werde:

Die Liebe wird uns niemals verlassen

Frühling; das Land liegt frisch und grün
unter der gelben Sonne.
Hier gingen wir gemeinsam, du und ich,
und wußten nicht, was uns die Zukunft brachte.
Wirst du oft an mich denken,
wenn jedes Jahr die Blumen hervorbrechen?
Wenn die Erde wieder zu wachsen beginnt?
Man sagt, der Tod sei endgültig.
Doch meine Liebe zu dir kann nicht sterben.
So wie die Sonne einmal unser Herz erwärmte,
laß diese Liebe dich berühren in der Nacht,
wenn ich gegangen bin
und die Einsamkeit kommt –
bevor das Morgengrauen
deine Träume verscheucht.

Sommer; ich hatte nicht gewußt,
daß Vögel so süß und klar zu singen vermögen,
bis sie mir sagten, daß ich dich
verlassen müßte für einige Zeit.
Daß der Himmel von so tiefer Bläue sein kann,
ich wußte es nicht, bis sie mir sagten,
ich könnte nicht mir dir zusammen älter werden.
Doch besser, von dir geliebt zu werden,
als Tausende von Sommern zu erleben
und niemals deine Liebe gekannt zu haben.
Laß uns gemeinsam, du und ich,
der Tage uns erinnern und der Nächte
in alle Ewigkeit.

Herbst, und die Erde fängt zu sterben an,
die Blätter an den Bäumen färben sich gold-braun.
Erinnere dich an mich, auch im Herbst,
denn ich werde mit dir, wie einst,
am Abend durch die Straßen gehen.
Auch wenn ich deine Hand nicht halten kann.

Winter, und vielleicht wird eines Tages da
ein anderer Raum sein und ein anderer Kamin,

in dem das Feuer knistert, und der Duft des Rauchs.
Und wenn wir uns umwenden, plötzlich werden wir
zusammen sein.
Dein Lachen werde ich hören, dein Gesicht berühren
und eng dich wieder an mich drücken.
Doch bis dahin, wenn Einsamkeit dich anfällt
in einer Winternacht, wenn draußen Schnee fällt,
denke daran, auch wenn der Tod zu mir kam,
die Liebe wird dich niemals mehr verlassen!

5. Kapitel
Die letzte Stufe der Reife

Am Ende schließt dieses Buch dort wieder an, wo es begann: beim Titel und Thema des ganzen Bandes – der Tod als die letzte Stufe der Reife. Wir haben den Tod und das Sterben aus vielen Perspektiven betrachtet, um den Blick für diese Kernfrage zu schärfen. Wir haben den Versuch gemacht, den Tod als einen sinnvollen und reifebringenden Aspekt des Lebens zu zeigen, damit die Beschäftigung und die Erfahrungen mit dem Tod unsere Existenz auf dieser Erde bereichern und mit Sinn zu erfüllen vermögen. Ausgewählt wurden solche Beiträge, die diese Botschaft vermittelten und die erläuterten, daß es notwendig ist, sich dem Tod zu stellen, um ihn als untrennbaren Bestandteil des Lebens zu verstehen und zu akzeptieren.

Ich könnte mir keinen besseren Beitrag zum Abschluß dieses Buches über den Tod und die Reife vorstellen als denjenigen mit dem Titel »Sterben als die letzte Stufe der Reife«. Über die Zusammenfassung und Wiederholung der bereits diskutierten Vorstellungen hinaus vermittelt er die wichtige Botschaft, daß Sterben etwas ist, was Menschen ununterbrochen und nicht nur am Ende ihres physischen Lebens auf dieser Erde tun. Die Stufen des Sterbens, die ich beschrieben habe, betreffen in gleicher Weise auch jede bedeutende Veränderung im Leben eines Menschen (etwa das Ausscheiden aus dem Berufsleben, den Umzug in eine neue Stadt, den Berufswechsel, die Ehescheidung), und Veränderungen ereignen sich regelmäßig im menschlichen Leben. Wer seinem endgültigen Tod ins Gesicht sehen kann und ihn versteht, kann vielleicht auch lernen, sich jeder Veränderung, die in seinem Leben auftritt, zu stellen und sie produktiv zu verarbeiten. Dadurch, daß einer willens ist, das Unbekannte zu riskieren und sich auf nicht vertrautes Gelände hinauszuwagen, begibt er sich auf die Suche nach seinem eigenen Selbst – dem letzten Ziel der Reife. Dadurch, daß einer über sich hinausgreift und sich dem Dialog mit den Mitmenschen anvertraut, kann er seine individuelle Existenz transzendieren und mit sich selbst und den anderen eine Einheit bilden. Ein Leben in dieser Hingabe läßt einen dem endgültigen Ende mit Friede und Freude und in dem Bewußtsein entgegensehen, sein Dasein sinnvoll verbracht zu haben.

Mwalimu Imara
Sterben und Reifen

In diesem Beitrag faßt der Autor viele Gedanken noch einmal zusammen, die in früheren Teilen des Buches berührt worden sind. Er erläutert, daß wir das Sterben lernen müssen, um Leben lernen zu können; daß es manchmal nötig ist, dem Leben, das uns von der Gesellschaft bestimmt wurde, abzusterben, um zu demjenigen heranzureifen, der wir wirklich sind; daß jede neue Stufe der Reife das Abwerfen von Fesseln bedeutet, die uns zurückhalten. Er macht deutlich, daß man ununterbrochen sterben und wiedergeboren werden muß, um zu reifen, fast so wie aus einer Raupe ein Schmetterling wird. Und er betont, daß, auch wenn die letzte Gelegenheit zur Reife auf der Schwelle zum Tode eintritt, man nicht auf diese Krise im Leben warten sollte. Man kann zu jeder beliebigen Zeit lernen zu »sterben« und zu reifen, indem man die Eigenschaften des Sterbens begreift, welche uns befähigen, dem Tode tapfer und schöpferisch zu begegnen. Es sind dieselben Eigenschaften, die einen reifenden Menschen auf jeder Stufe seines oder ihres Lebens auszeichnen.

»Gesundheit ist nicht dasselbe wie Glück, Überfluß oder Erfolg. Bei ihr geht es vor allen Dingen darum, sich mit den Umständen, in denen wir uns, sie mögen sein, wie sie wollen, vorfinden, in voller Übereinstimmung zu befinden. Sogar unser Tod ist ein Ereignis der Gesundheit, wenn wir die Tatsache unseres Sterbens voll erfassen ... Das Problem ist das Bewußtsein, gegenwärtig zu leben. Woraus auch immer unsere gegenwärtige Existenz besteht: wenn wir sie als Ganzheit erfahren, sind wir gesund« (Joel Latner).

Heute scheint mir mein Leben aus einer langen Reihe von Reifungserfahrungen zu bestehen. An einem bestimmten Punkt gelangte ich dahin, daß ich mich selbst nicht mehr als Teil einer bestimmten Lebensweise verstehen konnte; diese Lebensweise ließ mich den Kontakt mit dem verlieren, was ich zu sein meinte. Ich starb für diese Lebensumstände ab und durchlief den Todeskampf und die Wiedergeburt in einer neuen Stadt, einem neuen Land, an einer neuen Arbeitsstelle und in einem neuen Beruf. Als ich das Gefühl hatte, daß es für mich nicht mehr das Richtige war, Drucker zu sein, wurde der alte bohrende Ruf zum Dienst als Geistlicher stärker, und ich trennte mich von meiner Arbeitsstelle, meinen Geschäftsbeziehungen, meinen kostspieligen Gewohnheiten und ging sieben Jahre lang auf die Universität, um die Lebensweise eines Geistlichen zu erlernen. Mit einunddreißig gab ich die Sicherheit und die Annehmlichkeiten eines Lebens als erfolgreicher Geschäftsmann auf zugunsten von Gott weiß welchen Vorzügen in der Welt eines religiösen Berufs. Ich erinnerte mich daran, wie ich elf Jahre zuvor die relativ liberale Atmosphäre Montreals gegen das durch Rassismus geprägte Klima der Vereinigten Staaten eintauschte. Ich hatte den Wunsch, meine Heimatstadt zu verlassen und mich an irgendeinen fremden Ort zu begeben, und ich weiß nicht, warum. Ich wußte, daß mein Zuhause zu sehr zu etwas geworden war, was ich nicht war. Daher verließ ich Kanada mit Furcht und Zittern und begab mich in den Schwefelgeruch und das Höllenfeuer New Yorks.

Schau einmal auf dein Leben. Gab es da nicht auch Augenblicke der frei gewählten Trennung und des Schmerzes, als du mit deinem eigenen Reifeprozeß beschäftigt warst und keine himmlische Macht dich von diesen Akten deines Werdens hätte abhalten können? Wir mögen nach neuen Berufen oder neuen Lebensorten suchen oder einfach beginnen, uns selbst als neu in einer therapeutischen Situation zu erfahren – welche Situation auch immer das sein mag, unsere Erfahrung der eigenen Reife ist erfüllt von Angst und belastet mit dem Gefühl der Gefahr, mit Erregung und dem Gefühl der Erfüllung, mit Schmerzen und mit Freude. Menschliches Leben, mein Leben und dein Leben, hat die Möglichkeit, solche Reifeerfahrungen vom ersten Augenblick bei der Geburt bis zum letzten Atemzug beim Tod zu machen.

Wir mögen gesunde Menschen sein mit nur wenigen größeren Konflikten und Rissen in unserem Selbstgefühl, aber die Tatsache, daß wir geistig und physisch gesund sind, eliminiert nicht die unvermeidlichen Krisen und Ängste, die den Reifeprozeß und die Veränderung begleiten. Wenn wir die alten vertrauten Formen des Lebens aufgeben, ob freiwillig oder unfreiwillig, haben wir immer das Gefühl, ein Risiko auf uns zu nehmen. Wenn die neue Situation Veränderungen umfaßt, die ernste Konsequenzen für unser Wohlbefinden in der Zukunft haben, wird der Grad der Beängstigung groß. Alte Pfade zu verlassen und alte Muster zu zerbrechen ist wie das Sterben, wenigstens wie ein Absterben der alten Weisen des Lebens im Interesse eines unbekannten neuen Lebens, das sinnvoll ist und neue Beziehungen ermöglicht. Aber ein Leben ohne Veränderungen ist gar kein Leben und bedeutet, überhaupt nicht zu reifen. Das Sterben ist eine Vorbedingung des Lebens; Reifen ist eine Vorbedingung des Lebens. Diesem Vorgang eine Grenze zu setzen bedeutet, als ein bedrücktes Wesen zu existieren.

In allen unseren Situationen der Reife, außer der einen, können wir neuen Gesichtspunkten, neuen Zielen, neuen Projekten und neuen bereichernden Beziehungen entgegensehen. Wenn wir aber jener Zeit entgegensehen, wo die gefürchtete Nachricht uns erreicht und unser eigener Tod eine bevorstehende Realität wird, schrecken wir zurück in Angst und Ablehnung. Das ist die einzige Reise und die einzige Anstrengung, der nur wenige von uns entgegensehen. Die Angst vor dieser endgültigen Trennung, dem Tod, ist natürlich. Es ist für uns Menschen am schwierigsten, uns dem Gedanken an einen Schlaf ohne Träume, an eine Zeitlosigkeit ohne Beziehungen und Gespräche mit anderen zu stellen.

»Wo es Liebe gibt, gibt es die Angst vor dem Verlust des Lebens, und die Liebe ist es, die den Verlust des Lebens in einem psychischen Sinn schrecklich macht, denn der Tod erscheint als das Ende der Liebe, die das Leben ist« (Joseph Haroutunian).

Wir schrecken vor dem Augenblick zurück und lehnen ihn ab, an dem wir mit der Nähe unseres Todes konfrontiert werden. Aber das Stadium des Sterbens kann als das tiefstreichende Reifungsgeschehen unseres gesamten Daseins erfahren werden. Der Schock, der Schmerz und die Angst sind groß, aber wenn wir das Glück haben, Zeit zum Erleben unseres eigenen Reifeprozesses zu haben, dann wird das Erreichen einer Ebene schöpferischer Einwilligung dieses alles wert gewesen sein.

Der Tod schockiert uns nicht, solange wir darüber nur in einem Buch lesen oder ihn philosophisch vom bequemen Sessel aus diskutieren. Die Gefühle der Machtlosigkeit und Isolierung entspringen unserem ganzen Wesen und nicht bloß unseren intellektuellen Vorstellungen. Das Problem des Todes erreicht im allgemeinen nicht das Zentrum unseres Seins. Nur wenn es »mein« bevorstehender Tod oder der bevorstehende Tod von jemandem ist, den ich liebe, spüre ich den schmerzenden Stich des »Hungers nach Leben«. Die Seele dessen, der von seiner Anhänglichkeit ans Leben gefoltert wird, liegt in Qualen; diese Foltern gehen durch unser ganzes Sein und lassen uns in der einen Minute bis ins Herz erschauern und im nächsten Moment in Fieberschweiß ausbrechen. Das ist unser verzweifelter Kampf: uns am Leben festzuklammern, während wir über den Rand des Todes gleiten. Hier liegt das Selbst im Kampf mit dem Nicht-Selbst. Die konkrete Möglichkeit unseres eigenen unmittelbar bevorstehenden Todes ist ein derartiger Schock, daß unsere erste Reaktion das Verleugnen sein muß. Thomas Bell, der Autor des Buches »In der Mitte des Lebens«, eines autobiographischen Rechenschaftsberichtes über seinen Kampf mit der eigenen Todessituation, schrieb:

»Dann und wann wird das Ganze unwirklich. Mitten in der Dunkelheit der Nacht oder während des Tages, wenn ich plötzlich fröstelnd einhalte, kommt mir der Gedanke: Das kann doch mit mir nicht passieren. Nicht mit mir. Ich und ein bösartiger Tumor? Ich und nur noch wenige Monate zu leben? Unsinn. Und ich starre empor in die Dunkelheit oder hinaus auf eine sonnenhelle Straße und versuche, es zu fassen, es zu fühlen. Aber es bleibt unwirklich.

Vielleicht liegt die Schwierigkeit in meiner halbbewußten Annahme, daß solche Dinge nur anderen Menschen passieren oder passieren sollten ... Menschen, die Fremde sind, auf die es wirklich nicht ankommt, die ... einzig und allein geboren wurden, diese statistischen Quoten zu erfüllen. Ich bin dagegen ich. Kein Fremder. Nicht irgendein anderer Mensch. Ich!«

Ich kann verstehen, daß es dir vielleicht schwerfällt, über diese Erfahrung zu lesen oder jemanden, den du kennst oder liebst, zu beobachten, wie er eine ähnliche Erfahrung machen muß, und dennoch in diesem Schmerz und dieser Angst den Anfang einer möglichen Reifeerfahrung zu sehen. Aber genau das ist es. Der Schmerz ist groß, weil der Verlust groß ist. Der Tod trennt uns von allem, was uns teuer ist, eingeschlossen unser eigenes Selbst. Er bedeutet die endgültige Trennung. Und anders als in anderen Situationen der Reife haben wir nur eine geringe

Entscheidungsmöglichkeit, ob diese Trennung eintreten wird oder nicht. Was jedoch unserer Kontrolle unterliegt, ist die Qualität der Trennungserfahrung – ob sie das »Leben« bejaht oder verleugnet.

Wenn die Dinge, die für uns im Leben den größten Wert besitzen, zerstört werden, können wir darauf in verschiedener Weise reagieren. Wir können ein Leben mit Gefühlen der Depression und in extremen Verhältnissen führen; wir können es vollständig aufgeben, uns am Leben zu beteiligen, indem wir ein Leben der psychotischen Trennung entwickeln. Das ist die endgültige oder extreme Verzweiflung. Die zweite Alternative besteht darin, das Negative unserer Existenz vor dem Bewußtsein zu verbergen. Das ist immer nur ein Versuch, es zu verheimlichen, weil diese Verteidigung selten sehr lange wirksam ist, besonders in Situationen extremer Belastung nicht, wie etwa der unseres eigenen Todes oder des Todes von jemandem, der uns etwas bedeutet. Die dritte Alternative nenne ich die religiöse. Sie besteht darin, uns selbst in schöpferische und wertvolle Beziehungen zu anderen einzubringen. Offen für andere Menschen zu werden und offen für sie zu bleiben, das ist leichter gesagt als getan in einer Zeit der Krise. Diese Methode ist besonders dann schwierig, wenn wir keine Praxis darin haben, auf diese Weise mit anderen in Beziehung zu treten. In den Augenblicken, wenn wir den Schmerz über unser eigenes Sterben und das Sterben anderer erfahren, ist es nicht wahrscheinlich, daß wir über uns hinausreichen können, um Trost und Hilfe zu geben oder zu erhalten, es sei denn, unser Leben wäre zuvor schon offen für andere gewesen in Situationen der Freude, der Sorge, des Zornes und des Hasses. Diese dritte Reaktion, daß wir anderen die Hand hinreichen, ist der Schritt, der den Todkranken zur Erfahrung der Reife führt.

Unser Kampf um Reife, wenn wir uns dem Tod nähern, ist »der Kampf . . . , unserer Person Sinn und Bedeutung zu geben«. Das Sein, das Existieren in dieser Zeit der Krise »heißt, einem anderen etwas zu bedeuten«. Wenn wir als Erwachsene reifer werden, ist die Bedrohung, die Beziehung zu anderen wichtigen Personen in unserem Leben zu verlieren, größer als die Furcht, unser eigenes Leben zu verlieren. Wir sind Lebewesen, die durch ihr Verhalten zu anderen Personen ihrer selbst inne werden. Wir sind im wesentlichen soziale Wesen und Mitmenschen. Und wir können unsere Verbindung zueinander nicht abbrechen, ohne unseren Wert zu verlieren. Da sich unsere höchsten Wertvorstellun-

gen auf uns selbst in unseren Beziehungen zu anderen konzentrieren, bedeutet der Tod die Beendigung gemeinsamen Handelns mit anderen oder ein »Versagen im gegenseitigen Um-
gang« (Joseph Haroutunian).

Eine Fallstudie

Vor einigen Jahren, als ich noch Vikar war, lernte ich eine
alte Dame kennen, die mir beibrachte, was Reife während der
letzten Lebensphasen wirklich bedeutet. Wir saßen in dem Ge-
sprächszimmer mit Fräulein Martin zusammen. Es war unser
reguläres Tod-und-Sterben-Seminar am Mittwochmorgen unter
der Leitung von Dr. Elisabeth Kübler-Ross. Fräulein Martin gehörte zu unseren Patienten, die am Seminar teilnehmen und mit
uns darüber sprechen wollten, welche Erfahrungen sie als Todkranke machen. Fräulein Martin, Dr. Kübler-Ross und ich saßen
einander gegenüber, unsere Stühle und der Rollstuhl der Patientin bildeten ein intimes Dreieck in dem kleinen Raum. Die Studenten und der Behandlungsstab saßen im Beobachtungszimmer jenseits der Glastrennwand.

Fräulein Martin sah heiter und sanft aus in ihrem blauen
Nachthemd. Ihre leise Stimme, deren Klang sich so sehr von dem
durchdringenden Ton in den Monaten zuvor unterschied, brachte
gedankenvoll die Trauer und die Schmerzen ihrer Vergangenheit
und ihrer Gegenwart zur Sprache, um sie mit uns und den Studenten jenseits der Abtrennung zu teilen. Wir hörten von den
Schwierigkeiten und der Einsamkeit, denen sich eine alleinste-
hende Frau gegenübersah, die ihren eigenen Weg durch die von
Männern beherrschte Geschäftswelt während der dreißiger Jahre
ging. Wir hörten ihr zu, als sie die Stufen aufzählte und in Erinnerung rief, durch die sie sich allmählich auch ihrem Bruder und
ihrer Schwester entfremdete, so daß diese selbst jetzt, wo der
Krebs ihre Eingeweide aufzehrte, nicht die paar hundert Kilometer
heranreisten, um sie an ihrem Sterbebett zu besuchen. Leise fuhr
sie fort zu sprechen. Ihre Stimme wurde langsamer und ver-
stummte. Sie wandte ihren Kopf ein wenig zur Seite, und ihre
Augen schienen sich auf irgendeine Vision zu konzentrieren, auf
irgendeinen Gedanken, tief unten in den geheimen Winkeln ihres
Wesens. Dann blickte sie auf die Glaswand, die sie von der
Gruppe im anderen Zimmer trennte, und sagte leise:

»Ich habe in den vergangenen drei Monaten mehr gelebt als während meines ganzen Lebens zuvor . . . Ich wünschte, ich hätte vor vierzig Jahren all das über das Leben gewußt, was ich jetzt weiß. Ich habe Freunde. Danke.«

Wir weinten. Wir alle. Schwestern, Sozialarbeiter, Geistliche, Ärzte, wir weinten über das Wunder, das Miß Martin war. Hier vor uns saß eine Frau, eine alte Frau, die ein langes Leben mit wenigen Freunden und wenigen engen Beziehungen irgendeiner Art gelebt hatte. Hier saß eine Frau mit einer enormen Willenskraft und Ausstrahlung, die noch immer Menschen, die ihr in den Weg kamen, in Angst versetzen konnte. Sie war in der gnadenlosen Begegnung mit der Welt ihrer Erfahrungen bitter geworden, jemand, der nimmt, aber unfähig ist, zu geben oder sich etwas schenken zu lassen – das heißt, bis sie uns traf. Das Wunder bei Fräulein Martin war die Verwandlung aus einem Lebensstil der Verhärtung zu der offenen Sanftheit jener wunderbaren alten Frau, die nun im Seminar vor uns saß. Fräulein Martins Reifeprozeß bestand nicht in einer plötzlichen Bekehrung. Es war ein langer, nahezu täglicher Kampf, der mehrere Monate andauerte. Die psychischen Narben vieler Mitglieder des Behandlungsstabes bewiesen es.

Sie hätten dieser bezaubernden alten Dame einige Monate vor dem Seminar begegnen sollen. Sie wurde eines meiner Krankenhaus-»Pfarrkinder« auf Grund einer dringlichen Nachfrage nach einem Geistlichen durch die leitende Tagesschwester ihrer Abteilung. Ich machte auf dem Wege zum Raum der Patientin im Schwesternzimmer halt, um zu erfahren, ob es irgend etwas gab, was ich wissen sollte. Die Oberschwester der Abteilung, normalerweise eine freundliche und rücksichtsvolle Frau, war an diesem Tag in einer ganz anderen Stimmung, als sie mir die ersten Einzelheiten über Fräulein Martin mitteilte, die das Problem Nummer eins der Abteilung war. Zum erstenmal hörte ich, wie ein Patient mit solch farbigen, wenn auch nicht druckfähigen Attributen bedacht wurde. Nach meinem Zusammentreffen mit ihr später am Tage hätte ich all diesen Bezeichnungen zustimmen müssen.

Man sagte mir, daß die Patientin, Fräulein Martin, sich von einer ziemlich umfassenden Unterleibsoperation wegen Krebs erholte und, je weiter der Heilungsprozeß fortschritt, desto anspruchsvoller und rücksichtsloser, gemeiner in ihren Ausdrücken und zänkischer wurde. Man hatte, als eine letzte verzweifelte

Bemühung, den Geistlichen gerufen, um sie im Interesse des Behandlungsstabes ein bißchen zu besänftigen, bis es ihr gut genug ginge, um in ein Pflegeheim geschickt zu werden.

Widerstrebend ging ich Fräulein Martin besuchen. Sie war all das, was die Schwester vorausgesagt hatte, nur verdreifacht. Sie war in der Tat eine sehr würdelose alte Dame. Mein erster Besuch löste einen endlosen Strom von Klagen über ihre Behandlung, den Dienst der Schwestern, ihren Schmerz, über Geistliche, die Religion und ihren Arzt aus – über jeden und alles, was ihr in den Sinn kam. Aber irgendwie hatte ich das Gefühl, daß sie Angst hatte, zu reden aufzuhören – Angst davor, daß sie verrückt würde, wenn sie es täte. Ihre Stimme war zornig und heftig, aber ihre Augen verrieten panischen Schrecken. Als ich vom Stuhl aufstand, sagte ich ihr, daß wir, Dr. Kübler-Ross und ich, am nächsten Tag wiederkommen würden, um sie zu besuchen. Und das taten wir. Sie wurde eine der vielen, besonderen Menschen mit tödlichen Krankheiten, die im Krankenhaus der Universität von Chicago mit uns Freundschaft schlossen. Nach vier Wochen lächelte sie uns tatsächlich an und auch andere Menschen, von denen einige ihr völlig fremd waren. Sie hatte mit achtundsechzig Jahren begonnen, zu reifen. Mit einer tödlichen Krebserkrankung war sie dabei, eine neue Persönlichkeit auszubilden.

Während dieses Monats legte Fräulein Martin die Kraft und den Schmerz ihrer achtundsechzig frustrierenden Jahre offen. Sie hatte darum gekämpft, im Geschäft erfolgreich zu sein, und es war ihr gelungen, aber sie gehörte zu niemandem. Sie hatte keine Freunde; die einzigen überlebenden Familienmitglieder waren ein Bruder und eine Schwester, die in einer Stadt nicht allzu weit von Chicago entfernt wohnten, die sie aber nicht besuchen wollten. Und das war kein Wunder. Sie hatte nur sehr wenig Kredit auf dem Konto der Zuneigung bei ihnen oder bei irgend jemand anders. Sie führte ein langes Leben der Isolierung, in Besitz genommen von ihrer Arbeit, aber ohne sich irgend jemandem zu schenken. Wir, der Behandlungsstab, wurden ihre Familie, ihre Freunde. Und sie begann, sich zu verändern. Sie fing an zu lächeln. Sie begann, mehr Verständnis zu haben und sich weniger zu beklagen. Tatsächlich wurde es eine Freude, sie zu besuchen. In jenen wenigen Monaten, die sie mit uns zusammen war, baute sie sich ein neues Leben auf. Sie rang mit ihrer neuen Identität, einer Identität als alter Frau, die einsam starb und niemanden hatte, der sich um sie sorgte. Sie kämpfte sich durch ihren Kummer und Zorn darüber hindurch, alles, was sie in ihrer öden Welt gehabt hatte, zu verlieren, in ihrer Welt, die nun durch andere bereichert wurde. Ihre zornigen Angriffe auf das Pflegepersonal wurden im Ton weniger bitter und destruktiv. Wir beobachteten, wie aus der achtundsechzig Jahre alten Raupe ein anmutiger Schmetterling wurde. Sie akzeptierte die Tatsache, daß sie die Jahrzehnte ihres Lebens nicht auslöschen und nicht mit einem Zaubertrick eine herzliche Beziehung zu ihrem Bruder und ihrer Schwester herstellen konnte. Dafür war in ihrer Lebensgeschichte keine Grundlage gelegt worden, und aufgrund ihrer unbeugsamen, harten Persönlichkeit gab es dafür nur eine geringe Chance. Sie konnte sie nicht haben, aber sie konnte uns haben. Als sie ihre Krankheit akzeptierte, wurde sie auch eher dazu fähig, den menschlichen Kontakt zu akzeptieren, der ihr noch zur Verfügung stand.

So konnte sie einen Monat vor ihrem Tod im Seminar sagen: »Ich habe in den vergangenen drei Monaten mehr gelebt als während meines ganzen Lebens. Ich wünschte, ich hätte vor vierzig Jahren gewußt, was ich jetzt weiß ... Ich habe Freunde. Danke.« Sie war mit den Menschen in ihrer gegenwärtigen Existenz »in einem« (in Übereinstimmung), vielleicht zum ersten Mal seit vielen Jahrzehnten, wenn das denn überhaupt schon jemals der Fall gewesen war.

Fräulein Martin starb als jemand, der gewachsen war, als jemand, dessen Leben weiter geworden war, als sie es riskierte, die fünf Stadien ihrer Trauer zusammen mit uns zu durchlaufen. Und sie starb, während sie an Reife zunahm. Ihr Horizont dehnte sich aus und umfaßte Dr. Kübler-Ross, mich, einige Schwestern und viele Studenten aus den verschiedensten Fachrichtungen, die zum Tod-und-Sterben-Seminar gehörten. Es war die Ironie ihrer letzten Tage, daß ihr Leben reicher wurde, als es sich seinem Ende näherte. So war es und so ist es bei vielen unserer Patienten und Pfarrkindern, wenn wir ihnen helfen, ihren Weg durch die letzten Phasen des Lebens zu finden. Ich nenne diesen Vorgang, diese Bewegung auf eine »Selbsterweiterung« zu, Reife, die fundamentalste menschliche Antwort auf das Leben.

Der wichtigste Bereich der Erweiterung bestand für Fräulein Martin darin, zur Teilnahme an etwas, was außerhalb ihrer selbst lag, zugelassen zu werden und es zu wollen – nämlich zur Teilnahme am Leben anderer Menschen. Dieses ist die eine Ebene menschlicher Reife, auf der wir vollständig abhängig voneinander

sind. »Auf der physischen Ebene brauchen wir nur das aufrechtzuerhalten, was wir bereits deutlich schon sind.« Auf dieser anderen Ebene aber »fangen wir noch nicht einmal mit Fähigkeiten
an. Wir fangen mit gar nichts an. Zu sein heißt, jemand anderem
etwas zu bedeuten. Diese Existenz können wir nicht direkt für
uns selbst hervorbringen: Sie kann uns nur von anderen gegeben werden.« Sie ist ein Segen.

In einer Gruppentherapiesitzung, an deren Leitung ich kürzlich
beteiligt war, bat mich eine junge Frau, die wußte, daß ich ein
Geistlicher war, um meinen Segen. Ich nahm ihre Bitte ernst,
weil sie sie an mich richtete, nachdem ich sie gefragt hatte, ob
es noch irgend etwas gebe, was sie von mir wolle. Ich war einige
Minuten lang wie betäubt und schwieg. Ich bin es nicht gewöhnt,
daß man um meinen Segen bittet, selbst in der Kirche nicht.
Dann ging mir der menschliche Sinn des Segens aus seiner hi-
storischen religiösen Bedeutung heraus auf. Das Gefühl des
»Gesegnetseins« erwächst aus der Erfahrung des Angenommen-
seins. Der christliche Begriff der Gnade Gottes ist die Erfahrung
einer Annahme, die unverdient und unverdienbar ist. Paul Til-
lich beschreibt die Erfahrung des Gesegnetseins folgendermaßen:

»Sie ereignet sich oder nicht. Und sie ereignet sich sicherlich nicht, wenn wir sie zu erzwingen suchen. Ebensowenig wird
sie sich ereignen, solange wir in unserer Selbstgefälligkeit glauben, daß wir sie nicht brauchen. Die Gnade trifft uns, wenn wir
uns in großem Schmerz und Ruhelosigkeit befinden. Sie trifft
uns, wenn wir durch das dunkle Tal eines sinnlosen und leeren
Lebens gehen. Sie trifft uns, wenn wir spüren, daß unsere Trennung tiefer als gewöhnlich ist, weil wir ein anderes Leben verletzt haben, ein Leben, das wir liebten, oder weil wir uns von ihm
entfremdet haben. Sie trifft uns, wenn der Ekel über unser eigenes Sein, unsere Gleichgültigkeit, unsere Schwäche, unsere
Feindseligkeit, unseren Mangel an Gradheit und Gelassenheit
uns unerträglich geworden ist. Sie trifft uns, wenn Jahr um Jahr
die ersehnte Vollendung des Lebens ausbleibt, wenn die alten
Zwänge in uns regieren, wie sie es seit Jahrzehnten taten, wenn
die Verzweiflung alle Freude und jeden Mut zerstört. Manchmal
bricht in diesem Moment eine Welle von Licht in unsere Dunkelheit, und es ist, als ob eine Stimme sagte: ›Du bist angenommen.
Du bist angenommen, angenommen von dem, was größer ist als
du und dessen Namen du nicht kennst. Frage jetzt nicht nach

dem Namen; vielleicht wirst du es später tun. Verlange nach nichts. Akzeptiere einfach die Tatsache, daß du angenommen bist!‹ Wenn das mit uns geschieht, erfahren wir die Gnade. Nach solch einer Erfahrung sind wir möglicherweise nicht besser als zuvor, vermutlich glauben wir auch nicht stärker als zuvor. Aber alles ist verwandelt. In diesem Moment überwindet die Gnade die Sünde, und die Versöhnung überbrückt den Abgrund der Entfremdung. Nichts wird von dieser Erfahrung verlangt, keine religiösen oder moralischen oder intellektuellen Voraussetzungen, nichts als einfache Annahme.«

Die fünf Stufen des Schmerzes eines Sterbenden zu durchlaufen bedeutet einen Prozeß, der sich auf einen Segen, auf »Annahme« hin bewegt. Aber wir können diesen Prozeß nur voll durchmessen, wenn wir die »Annahme« durch einen anderen Menschen fühlen. Unsere »Annahme« des eigenen Seins, das heißt unser Empfinden, daß wir als Personen von Bedeutung sind, beruht auf dem Wissen, daß wir von jemandem oder etwas, das größer ist als unser individuelles Selbst, angenommen sind. An diesem Punkt können diejenigen, die den Bedürfnissen des Sterbenden dienen, Ärzte für die Seele werden. Der Sterbende kann anderen die Wichtigkeit der »Gnade« in unserem Leben deutlich machen. Angenommen sein ist der Anfang der Reife.

Religion und Reife

Fräulein Martins Verwandlung war religiös. Nun mag es sein, daß Sie und ich ein verschiedenes Verständnis haben von dem, was religiös ist. Daher möchte ich zuerst verdeutlichen, welchen Zugang zur Religion ich habe. Religion handelt vom Glauben und von Ritualsystemen ebenso wie die Familie, die Industrie, die Regierung, Banken, das Militär und alle institutionalisierten Interessen in der Gesellschaft. Jedes institutionalisierte Interesse dient einem zentralen, sozialen und persönlichen Bedürfnis. Die Religion handelt von unserem persönlichen Bedürfnis, einer Sache verpflichtet zu sein, die wir ins Zentrum unseres Lebens stellen können, etwas, was uns das Gute erkennen und danach handeln läßt, etwas, das es uns ermöglicht, alle unsere menschlichen Fähigkeiten zu entfalten.

Wir Menschen haben die Befähigung zu einem weiten Spektrum an Erfahrungen und Verhaltensweisen. Wir können in einem

Falle wild und grausam sein und im anderen liebevoll und fromm. Wir können zu einer Zeit die Erfahrung äußersten Schreckens machen und zu einer anderen in Ekstase geraten. Wir können, wie Fräulein Martin, zu einem Zeitpunkt des Lebens zurückstoßend und defensiv sein, um zu einer späteren Zeit in eine offene, liebenswürdige Person verwandelt zu werden. Unsere Befähigung zu »radikaler Verwandlung« ist einer unserer vier charakteristischen Wesenszüge. Aber die Fragestellung der Religion lautet: Was kann uns in unserem Leben vor den trennenden Verwandlungen bewahren und uns befähigen, die Erfahrung des größten Gutes zu machen, das unser Leben erreichen kann? Religion hat es mit unserer Verpflichtung zu dem zu tun, das uns – sei es, was es wolle – instand setzt, diese Erfahrung zu machen. Fräulein Martins »Verpflichtung« ermöglichte ihr während der letzten Monate ihres Lebens die Erfahrung ihres kreativsten Potentials. Ich werde auf Fräulein Martins Verpflichtetsein noch einmal zurückkommen. Die Frage der Religion lautet also: Welche Verpflichtung hilft uns dabei, ein kreatives Leben zu leben und unsere destruktiven Potentiale zu verringern?

Eines der weiteren Wesensmerkmale, die für die religiöse Bindung grundlegend sind, ist unsere Befähigung zu »ursprünglicher Erfahrung« oder persönlichem Bewußtsein. Viel von unserem Leben, zu viel, wird als »konventionelle Erfahrung« gelebt. Wir zwingen uns in die Formen, die uns von unseren Familien, unseren Arbeitgebern, unseren Freunden und unserem öffentlichen Ansehen vorgeprägt sind, bis wir uns nicht mehr als Selbst erfahren, sondern nur als die leere Karikatur des Bildes eines anderen. Wir verlieren den Kontakt mit dem, was und wer wir wirklich sind. Wir verlieren den Kontakt mit der Frische und Vitalität, die aus dem »ursprünglichen« Bewußtsein unser selbst, unserer Bedürfnisse und unserer Entscheidungen kommt. Verlieren wir diese Befähigung, leben wir ein Leben der Selbstzerstörung, vor allem mit dem Resultat, daß wir das Leben anderer, mit denen wir in Kontakt sind, zerstören. Unsere inneren Konflikte, unsere chronischen Schuldgefühle, unsere Abstumpfungen und Ermattungen, unsere akute Einsamkeit beginnt damit, daß wir unser eigenes Bewußtsein, unsere eigene »ursprüngliche« und kreative Erfahrung verleugnen. Gibt es eine religiöse Bindung, die uns in die Lage versetzt, unsere geborgte Identität in ein authentisches Selbst zu verwandeln? Auf was können wir unser Leben verpflichten, was wird uns helfen, als Personen größere

Selbständigkeit zu erlangen? Das ist die religiöse Fragestellung
für alle, ob sie nun im Sterben liegen oder nicht.

Jeder religiöse Glaube versucht eine Formel für die Verpflichtung zu liefern, die uns in die Lage versetzt, in schöpferischer Weise zu reifen und unser Leben zu verwandeln; aber ich
habe herausgefunden, daß der tatsächliche Glaubensinhalt von
jemandem keine Bedeutung dafür besitzt, ob er in schöpferischer Weise vorwärts kommt oder nicht. Wie wir miteinander umgehen und wie wir mit uns selbst Erfahrungen machen, ist wichtiger für den Sterbenden als der Inhalt seiner religiösen Mythen
oder seiner artikulierten Lebensphilosophie.

Fräulein Martin war Agnostiker. Weder glaubte sie an eine
göttliche Macht noch glaubte sie nicht daran. Die Frage nach
Gott war für ihre Art und Weise der Weltbetrachtung ohne Bedeutung. Als ihre Welt liebevoller wurde, als sie weniger destruktiv und offener für ihre eigene Erfahrung und die Erfahrung
anderer wurde, blieb der Begriff Gott weiterhin ohne Bedeutung für sie. Es gab keine dramatische pietistische Bekehrung
in letzter Minute.

Sterbende Patienten stehen vor einer neuen Verwandlung
in ihrem Leben. Sie können, wie Fräulein Martin, ihre einzige
Möglichkeit darin sehen, in Panik mit dem Rücken an der Wand
zu kämpfen oder in Verzweiflung aufzugeben. Aber sogar in dem
Augenblick, in dem die Diagnose einer tödlichen Krankheit gestellt wird, bleiben wir doch immer Menschen mit der Möglichkeit, zu gründlicher Reife im Sinne von Lebenserfahrung zu gelangen. Aber es gibt einen Preis, den man für die Teilnahme an
der eigenen radikalen Veränderung zum Besseren zahlen muß.
Der Preis liegt darin, daß wir Menschen mit einer Verpflichtung
werden. Nicht verpflichtet in dem Sinn, daß wir auf ein religiöses
Dogma oder Ritual verpflichtet wären. Die Verpflichtung ist ein
Akt oder eine Serie von Handlungen und besteht darin, daß wir
uns der Erfahrung öffnen, wer wir denn wirklich in dieser neuen
Lebenssituation sind, und nicht, was das konventionelle Ver-
schlüsselungssystem unserer Erfahrung uns zu empfinden vor-
schreibt. Fräulein Martin ging solch eine Verpflichtung ein. Nachdem sie erfahren hatte, daß sie im Sterben lag, tat sie so, als sei
sie noch dieselbe reiche Dame, die schreien und wüten konnte,
um Befriedigung zu erreichen. Vor ihrer Krankheit hatte sie ein
Leben ohne Berührung mit ihrer wirklichen Lage gelebt. In den
frühen Tagen ihrer Geschäftskarriere, als sie um den Erfolg

kämpfen mußte, hatte sie für sich eine unveränderliche Form aufgebaut. Aber als sich ihre Lage änderte, fuhr sie fort, nach demselben alten Drehbuch zu leben. Sie mußte Erfolg im Geschäft haben, aber dabei ging sie, wie so viele von uns, einem bestimmten Rollenverständnis in die Falle und gab ihre Befähigung zu ursprünglicher Erfahrung auf.

Aber es geschah nicht nur zufällig, daß sie mehr in Berührung mit dem kam, was sich im Krankenhaus mit ihr ereignete. Sie war in steigendem Maße dazu verpflichtet, sich selbst so zu erfahren, wie sie gegenwärtig war, wie sie in ihrer neuen Situation als jemand, der sich dem Tode näherte, lebte. Auch wenn ihr die Möglichkeit zur Verfügung stand, sich durch die Barrieren zu ihrer eigenen Erfahrung hindurchzuarbeiten, war sie dazu doch nicht gezwungen, sondern sie nahm das Risiko auf sich und experimentierte engagiert mit ihren gegenwärtigen Empfindungen, Bedeutungen, Träumen, Phantasien und Wahrnehmungen. Sie nahm die Verpflichtung auf sich, sich selbst als Person zu schätzen und sich als ein Ganzes für wertvoll zu halten, das Freude, Schmerz, Liebe, Haß, Verwirrung, Klarheit, Einsamkeit und Gemeinschaft kannte. Diese Verpflichtung auf die Erfahrung unserer Identität ist von entscheidender Bedeutung für jede Verwandlung unseres Lebens. Wenn wir Neurotiker sind und einen Lebensstil der Selbstzerstörung leben, dann lautet die erste Anordnung bei der Therapie, wieder mit unseren tatsächlichen gegenwärtigen Erfahrungen unser selbst in unserer gegenwärtigen Situation in Kontakt zu kommen. Eine Verwandlung unseres Lebens zum Guten hin setzt dann ein, wenn wir uns der Erfahrung der eigenen Identität widmen, einer Verpflichtung, die Frage zu beantworten: Wer bin ich? Jetzt? Hier? Das ist die erste Stufe der religiösen Verpflichtung.

Um ihr ganzes Potential in dieser Zeit einer neuen Verwandlung zu erkennen, mußte Fräulein Martin eine andere Verpflichtung eingehen. Sie mußte sich nicht nur darauf verpflichten, sich ihrer eigenen ursprünglichen Erfahrung bewußt zu werden, sondern sie mußte diese Erfahrung mitteilen, sie mit anderen teilen und als Gegenleistung die ursprünglichen Erfahrungen anderer in ihrem Leben würdigen und verstehen. Sie ging in wachsendem Maße Verpflichtungen zum Dialog, zum Gespräch in gegenseitigem Austausch mit anderen ein. Sie wurde gehört und sie gestattete es sich, gehört zu werden, verstanden zu werden und zu verstehen.

Wir betrachten das Gespräch selten als Verpflichtung, aber es ist eine. Ich finde, daß es schwierig ist, das auszudrücken, was ich wirklich empfinde, und jemand anderem zu erzählen, was für mich in diesem Augenblick wirklich wichtig ist. Dazu bedarf es einer »Verpflichtung« auf meiner Seite, und ich habe den Eindruck, daß das für die meisten von uns gilt. Es ist in ähnlicher Weise schwierig, zuzuhören. Wir sind normalerweise so voll von unseren eigenen Gedanken und Antworten, daß wir selten genau genug aufeinander hören, um die Quintessenz dessen mitzubekommen, was der andere uns mitzuteilen versucht. Die tiefe schöpferische Kommunikation erlaubt uns, ein Gefühl der Zugehörigkeit zu anderen zu erfahren. Sie ist die Kraft, die das zerstörerische Potential in unserem Leben begrenzt und die Aspekte der Reife fördert. Leben ist ein Kampf. Es ist ein Kampf, mit den Veränderungen eines ganzen Lebens fertig zu werden; aber während eines ganzen Lebens der Veränderung werden wir uns selbst als vollständige Personen nur in dem Maß erfahren, in dem wir uns in diese Verpflichtung anderen gegenüber begeben. Sie hält uns in einem schöpferischen Dialog. Auf diesem Wege werden wir reif. Ein Maßstab der Reife ist der Grad, in dem wir unsere Interessen und unsere Sorgen über unseren unmittelbaren Wunsch nach persönlichem Wohlbefinden hinaus ausdehnen. Ich behaupte nicht, daß Reife bedeutet, ein härenes Gewand zu tragen. Menschliche Reife, persönliche Reife und religiöse Reife bedeuten für mich alle dasselbe. Sie können daran gemessen werden, wieweit wir in der Lage sind, uns selbst auf diese Form des menschlichen Austausches zu verpflichten. Auf jeder Stufe unseres Lebens, aber in ganz besonderem Maße während der letzten Stufe ist diese Frage von entscheidender Bedeutung: Vermag ich offen genug zu sein, um meinem ursprünglichen Selbst Ausdruck zu geben und die Erfahrung anderer zu machen, die dasselbe tun?

Dies ist meine Antwort auf das zweite Problem der Religion (nach dem Problem der Identität), das heißt auf das religiöse Problem: Zu was sollte ich mich verpflichten? Was ist mein Ziel im Leben? Was setzt mich instand, das Gute zu vermehren? Was bewahrt mich vor Stumpfheit, Einsamkeit, inneren Konflikten und chronischen Schuldgefühlen? Die meisten unserer religiösen Glaubenssysteme liefern uns eine Vorschrift, indem sie uns anweisen, auf Gott zu vertrauen oder einander zu lieben. Schöpferischer Dialog, das ist meine Weise, etwas Ähnliches zu sagen. Viele

Menschen können ihr Leben in dieser Form des Dialogs ausdrücken und seinen Nutzen erfahren, ohne ihm irgendeinen Namen zu geben oder eine traditionelle Bezeichnung für ihn zu
haben. Fräulein Martin gab ihm keinen Namen. Aber nach zwei
Monaten der Praxis wußte sie aus ihrer Erfahrung, was es bedeutete, zu lieben und Liebe zu empfangen. Um sich zu wandeln,
müssen Sterbende sich darauf verpflichten: 1. ein Gefühl der
eigenen Identität dadurch aufzubauen, daß sie die Erfahrung ihres
eigenen unablässigen Bewußtseins oder der »ursprünglichen Erfahrung« machen; und 2. sich in einen gegenseitigen Dialog über
diese Erfahrung mit anderen Menschen zu begeben.

Es gibt eine dritte Ebene der religiösen Verpflichtung, die für
uns in Zeiten der persönlichen Wandlung wesentlich ist, wie etwa
im Fall der sterbenden Patienten. Auf dieser Ebene gilt unsere
wichtigste Überlegung dem Plan oder dem Lebenstext, auf den wir
wir uns beziehen, um unsere nächsten Schritte im Leben zu bestimmen und den zurückliegenden einen Sinn zu geben. Jeder
von uns hat seine eigene besondere Weise, die Welt zu betrachten und diese Erfahrung in irgendeine zusammenhängende Fas-
sung zu bringen, die uns in dem, was wir taten, gerade tun und
tun wollen, einen Sinn zu sehen hilft. Einige nennen das unsere
Lebensphilosophie, andere unsere Theologie. Darauf kommt es
nicht an. Die Bezeichnung ist unwichtig. Wichtig ist die charakteristische Weise, wie wir zu dem gelangen, was wir wollen, und
wie wir das vor uns selbst und anderen erklären. Die religiöse
Verpflichtung, die Verpflichtung, unser Leben in kreativer Weise
zu verwandeln, gleichgültig in welcher Situation, verlangt von uns,
irgendeinen sinnvollen Zusammenhang der Welt, in der wir handeln, zu finden; eine Antwort auf die Frage, warum wir so handeln, wie *wir* es tun, warum andere Menschen so handeln, wie *sie*
es tun. Dieses Verständnis braucht nicht in systematischer Weise
formuliert zu werden oder sogar vollständig bewußt zu sein, aber
es muß als ein vorherrschendes, umfassendes Muster in unserem
Leben Ausdruck finden. Unser Verständnis, bewußt oder nicht,
muß unserem Verhalten und dem Verhalten anderer einen Sinn
geben. Ohne eine Art von Plan, der unsere Handlungen und diejenigen anderer einigermaßen voraussagbar macht, ohne das
Gefühl, daß wir uns in einer Richtung bewegen, die uns mehr
von dem geben wird, was wir wollen und brauchen, und ohne das
Gefühl, daß unser Leben einen Sinn und eine Richtung hat, erfahren wir unser Dasein als zerrissen und ziellos.

Ist es so befremdlich, auch bei einem Sterbenden die Vorstellung einer Richtung und eines Lebensplans zu haben? Sich
fortzubewegen und seine Tage mit dem Gefühl eines Zusammen-
hanges zu leben, ist die Dividende, die der Todkranke dafür
empfängt, daß er die ersten fünf Stufen durchschritten hat. Die
Stufe der Einwilligung, die letzte Stufe des Transzendierens, ist
die Zeit, in der das Leben des Patienten wieder ein Zentrum bekommt und selbstbewußter und selbstgenügsamer wird. Das bedeutet recht oft eine schwer zu begreifende Realität für nahe
Freunde und die Familie des Patienten. Eine akzeptierende Person ist eine Person, die ihr Leben mit einem mehr oder weniger
einheitlichen Selbstgefühl lebt. Menschen, die ein verpflichtetes
Leben mit einer Richtung leben, vermitteln anderen den Eindruck,
daß sie in ihrem Leben sicher auf beiden Beinen stehen, ein sta-
biles Zentrum, einen Kern besitzen.

Das leitet sich von der dritten Ebene der religiösen Verpflichtung ab und beantwortet die religiöse Frage: Auf welche Weise
werde ich mein Leben führen? Die Antwort mag nicht zu dem
gehören, was in einem offiziellen Glaubensbekenntnis fixiert ist,
und es macht auch nichts, wenn das doch der Fall ist. Wichtig ist
nur, ob wir uns tatsächlich so verhalten und tatsächlich unser
Leben in der zentrierten Weise erfahren. Als Fräulein Martin
sagte: »Ich habe in den vergangenen drei Monaten mehr gelebt
als während meines ganzen Lebens«, sprach sie aus einer zentrierten Auffassung ihrer selbst heraus. Sie sprach von einem
Zentrum her, das ihrem verlöschenden Leben eine Perspektive
und ein Verstehen gab, das sie zuvor nicht erlebt hatte. Sie war
reifer geworden. Sie war über einen Lebensstil hinausgeschritten
in einen anderen, der mehr zu ihrer tatsächlichen Situation paßte.
Ihr Leben, mein Leben, dein Leben – allen gemeinsam ist ein
weites Spektrum von Möglichkeiten der Erfahrung und des Verhaltens. Das ist eine der Freuden und eines der Probleme, ein
Mensch zu sein, nämlich unsere anscheinend grenzenlose Kapazität für schöpferische Veränderungen, für Transzendenz. Wir
sind zur Transzendenz geschaffen wie die Vögel zum Fliegen und
die Fische zum Schwimmen.

Um im Hinblick auf Kapazität und Transzendenz so umfassend wie möglich zu leben, ist es erforderlich, daß wir ein Leben des Bewußtseins, der gegenseitigen Selbstmitteilung und
der Ausrichtung führen. Mit anderen Worten, die religiöse Verpflichtung hat es mit den Problemen der Selbstidentität, unserer

Verpflichtung für andere, mit dem Annehmen ihrer Verpflichtung für uns und einem zusammenhängenden, mit einer Richtung versehenen Lebensstil zu tun. Unsere Antworten auf folgende drei Fragen fassen unsere religiöse Verpflichtung zusammen: Wer bin ich? Zu was verpflichte ich mich selbst? Wie stelle ich es an, meiner Verpflichtung gemäß zu leben?

Die Antworten, die ich auf diese drei Fragen gegeben habe, kommen aus meiner eigenen Lebenserfahrung, aus meinem Nachdenken und der Lektüre von Berichten über die Erfahrungen anderer. Ich habe sie bestätigt gefunden bei meinen Beobachtungen, wie die Menschen sich der wichtigsten transzendenten Erfahrung ihres Lebens unterziehen, wenn sie mit der unmittelbaren Realität des Todes leben, wie sie auf sich selbst reagieren, auf ihre eigene Situation und auf andere in derselben Situation. Es gibt bestimmte Muster, und diese Muster bestätigen die oben gemachten Behauptungen.

Mehrere Jahre lang habe ich mit Patienten gearbeitet, die den Prozeß ihres Schmerzes durchmachten. Dabei habe ich bemerkt, daß nicht jeder diesen Vorgang bis zu Ende vollzieht. Einige blieben auf einer Stufe stehen (vgl. die Skizze der fünf Schritte) und schienen bis zum Tod dort zu bleiben. Einige schienen an einer Stelle stehenzubleiben und bewegten sich dann nach einer gewissen Zeit bis zum Ende. Andere erweckten den Eindruck, alle fünf Stufen vergleichsweise sanft zu durchschreiten, ohne größere Eingriffe oder Hilfestellungen von seiten des Behandlungsstabes.

Ich entwarf ein Forschungsprogramm und führte es in der Hoffnung durch, zu einem Verständnis der religiösen Beweggründe zu kommen, die hinter dem Vorgang des Verleugnens und dem Widerstand des Todkranken stehen, sich bis zur Einwilligung hin zu bewegen. Das wichtigste Ergebnis dieser Studie lag für mich darin, daß es empirische Beweise für alles das gibt, was wir bis jetzt diskutiert haben. Es ließ sich beweisen, daß Menschen, die weniger verleugnen und fähiger sind, die fünf Stufen zu durchschreiten, nachdem sie ihre tödliche Erkrankung entdeckt haben, jene Menschen sind, die 1. willens sind, sich mit anderen, die für sie Bedeutung haben, in ganzem Umfang darüber auszutauschen, welches ihre gegenwärtige Erfahrung ist, 2. anderen auf gleicher Ebene begegnen, das heißt fähig sind, in einen echten Dialog mit anderen einzutreten, in dem beide den anderen Anteil nehmen lassen können an dem, was »wirklich«

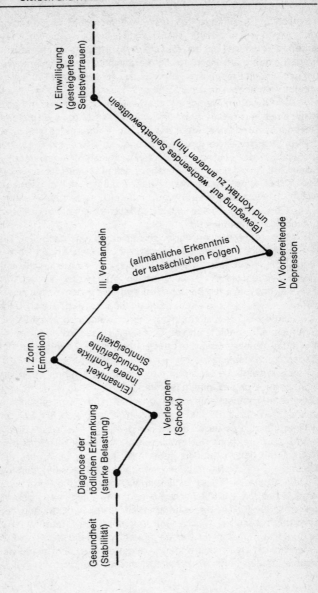

V. Einwilligung
(gesteigertes
Selbstvertrauen)

(Bewegung auf wachsendes Selbstbewußtsein
und Kontakt zu anderen hin)

III. Verhandeln

(allmähliche Erkenntnis
der tatsächlichen Folgen)

IV. Vorbereitende
Depression

II. Zorn
(Emotion)

(Einsamkeit
innere Konflikte
Schuldgefühle
Sinnlosigkeit)

I. Verleugnen
(Schock)

Diagnose der
tödlichen Erkrankung
(starke Belastung)

Gesundheit
(Stabilität)

ist, und 3. das Gute wie das Schlechte akzeptieren. Sie besitzen einen Bezugsrahmen, innerhalb dessen die tragischen und die glücklichen Ereignisse ihres gegenwärtigen und vergangenen Lebens einen Sinn bekommen, der ihrem Leben das Gefühl einer Richtung und Erfüllung gibt..

Unter anderem zeigte die Untersuchung, daß der Vorgang des Sterbens ein Prozeß der Wiederverpflichtung auf das Leben aus einer neuen Situation heraus ist. Die drei Indikatoren dieses Vorgangs der Wiederverpflichtung ähneln in starkem Maß den drei Attributen der reifen Persönlichkeit, die in den Schriften von Gordon Allport beschrieben werden.

Das, was Allport »Selbstobjektivierung« nennt, bedeutet für den Sterbenden sein Wille, sich in großem Umfang über seine oder ihre gegenwärtigen Erinnerungen, Träume und Hoffnungen auszutauschen, ohne dabei die gegenwärtigen Realitäten der Krankheit zu vergessen. Allport beschreibt die Selbstobjektivierung als »die Fähigkeit, sich selbst zum Gegenstand zu machen, nachdenklich und voller Einsichten über das eigene Leben zu sein. Das erkennende Individuum sieht sich selbst so, wie andere es sehen, in bestimmten Augenblicken gelingen ihm flüchtige Blicke auf sich selbst aus einer Art kosmischer Perspektive.« Dieses »schließt die Fähigkeit ein, die Gefühlsfärbung der gegenwärtigen Erfahrung mit derjenigen der Erfahrung in der Vergangenheit in Beziehung zu setzen«, vorausgesetzt, die vergangene Erfahrung verdunkelt nicht die Qualität des gegenwärtigen Erfahrungsprozesses. Allport betrachtet das deutliche Bewußtsein seiner selbst als eines der bedeutenderen Kennzeichen der Reife. Und das stimmt mit dem überein, was wir im Verhalten todkranker Menschen beobachten konnten.

Der Wille des Sterbenden, Beziehungen zu anderen von gleich zu gleich aufzunehmen und nicht in Beziehungen des Selbstmitleids stehenzubleiben, ähnelt dem, was Allport als »Ausdehnung des Ego« bezeichnet. Er beschreibt sie als »die Fähigkeit, sich für mehr als nur den eigenen Körper und den eigenen materiellen Besitz zu interessieren«. Für die meisten von uns ist es schon während der besten Jahre unseres Lebens eine Anstrengung, eine wirkliche Kommunikation mit anderen herzustellen. Es bedeutet immer einen Kampf. Und es hat den Anschein, daß diejenigen, die diese Art der Offenheit bereits praktiziert haben, eher dazu in der Lage sind, dies auch zu tun, wenn die Krise einer tödlichen Krankheit eintritt.

Die Fähigkeit des Patienten, seine oder ihre gegenwärtige Lage in irgendein sinnvolles Lebensmuster einzufügen, ist das, was Allport als eine »einheitsstiftende Lebensphilosophie« bezeichnet, »die religiös sein kann oder nicht, aber in jedem Fall einen Bezugsrahmen des Sinnes und der Verantwortlichkeit liefern muß, in den hinein die bedeutenderen Handlungen des Lebens passen«. Dieser braucht nicht »in Worte gefaßt zu werden, noch muß er absolut vollständig sein. Aber ohne Richtung und Zusammenhang, den ein vorherrschendes und umfassendes Muster liefert, erscheint das Leben als zerstückelt und ziellos.«

Diese drei Attribute oder Verpflichtungen, man mag sie nennen wie man will, umfassen die zentralen religiösen Probleme unseres Lebens. Identität, Verpflichtung und Ausrichtung sind die Hauptkanäle, auf denen uns ein persönlicher menschlicher Sinn gegeben wird, gleichgültig, welche kulturelle Ideologie wir zu ihrer Erklärung heranziehen. Und ich betrachte sie als die religiösen Substrate des menschlichen Lebens. Allport sagt, daß »diese drei Attribute der Reife nicht zufällig ausgewählt sind. Sie wurden ausgesucht, weil sie die drei Hauptwege der Entwicklung darstellen, die jedem menschlichen Wesen im Zuge seiner Reife offenstehen: der Weg der Interessenerweiterung (das sich ausdehnende Selbst), der Weg der Unvoreingenommenheit und Einsicht (Selbstobjektivierung) und der Weg der Integration (Selbstvereinheitlichung). Ich zweifle daran, daß irgendein wissenschaftlich haltbares Kriterium der Reife sich substantiell von diesen dreien unterscheiden kann.«

Wie Fräulein Martin sind wir alle transzendente Geschöpfe mit äußerst weit gespannten Möglichkeiten. Wir können vom Gipfel begeisternder Freude in die Tiefen verzweiflungsvoller Angst stürzen. Von wütendem Zorn können wir übergehen zu zärtlicher Freundlichkeit. Aus Fräulein Martins zerstörerischem Zorn wurde stille Achtung. Wenn wir uns in unserem Schmerz »angenommen« fühlen, dann nehmen wir das Risiko auf uns und bewegen uns weg vom Verleugnen und hin auf die Einwilligung und Lösung. Wir Menschen sind vor allem in der Lage, weitgehende Transzendenz zu erfahren. Indem wir uns mit wichtigen Veränderungssituationen in unserem Leben beschäftigen, machen wir einen Prozeß mit, der sehr stark dem des Sterbenden ähnelt, wie das Diagramm der fünf Stufen auf Seite 227 deutlich macht.

Als Sterbender zu lernen, wie man das Leben lebt, ähnelt dem Wiedererlernen, das nach einer Ehescheidung oder der

Trennung von einer wichtigen Person notwendig wird. Das Ausscheiden aus einem Beruf oder der Empfang einer wichtigen Belohnung oder Anerkennung kann uns auf denselben Pfad der Transzendenz bringen, den wir alle beschreiten, wenn wir die Gelegenheit haben, die letzten Tage des Lebens zu erfahren. Auch eine religiöse Konversion, die Absicht, uns selber einer radikalen neuen Ausrichtung unseres Lebens zu eröffnen, führen uns die Straße der fünf Stufen entlang. Jesaja (Kapitel 6) berichtet im Alten Testament von seinem Erlebnis eben dieser fünf Stufen, beginnend mit erschrockenem Verleugnen, dann über die Gefühle der Furcht und der Schuld zum Verhandeln über Erlösung, die gärende Depression, als er den wirklichen Preis für seine neue Verpflichtung erkennt, bis zur abschließenden Einwilligung in sein prophetisches Amt. Der Apostel Paulus hatte sein Damaskus-Erlebnis, und das Bekehrungserlebnis Jesu wird im Lukas-Evangelium beschrieben, angefangen von seiner Taufe und kontinuierlich bis zur Versuchung auf dem Berge (Lukas 3, 21 ff.).

Die »fünf Stufen« sind der Weg zu optimaler Reife und zu einem schöpferischen Leben. Die drei Arten menschlicher Verpflichtung und menschlicher Entwicklung sind unsere Führer auf dieser Reise. Es gibt erfülltes Leben bis in den Tod.

Omega

Es besteht keine Notwendigkeit, den Tod zu fürchten. Nicht das Ende des physischen Körpers sollte uns bekümmern. Vielmehr sollte unsere Sorge dem Leben gelten, solange wir lebendig sind – um unser inneres Selbst von dem geistigen Tod zu befreien. Dieser Tod betrifft jene, die hinter einer Fassade leben, welche den äußerlichen Bestimmungen dessen, wer und was wir sind, angepaßt ist. Jedes einzelne menschliche Wesen, das auf dieser Erde geboren wird, hat die Fähigkeit, eine einzigartige und besondere Persönlichkeit zu werden, unähnlich allen, die zuvor existiert haben oder die existieren werden. Aber in dem Maße, wie wir Gefangene der kulturell vorbestimmten Rollenerwartungen und Verhaltensformen werden – Stereotype, aber nicht wir selbst –, blockieren wir unsere Fähigkeit zur Selbstverwirklichung. Wir behindern uns dabei, das zu werden, was wir sein können.

Der Tod ist der Schlüssel zum Lebenstor. Dadurch, daß wir die Begrenztheit unserer individuellen Existenz akzeptieren, vermögen wir die Kraft und den Mut zu finden, jene äußerlichen Rollen und Erwartungen zurückzuweisen und jeden Tag unseres Lebens – gleichgültig, wie lange es dauert – darauf zu verwenden, so umfassend zu reifen, wie wir können. Wir müssen lernen, unsere inneren Kraftquellen heranzuziehen, wir müssen uns selbst definieren mit Hilfe dessen, was wir als Antwort von unserem inneren Wertsystem erhalten, und nicht den Versuch machen, uns an eine unangemessene stereotype Rolle anzupassen.

Die Verleugnung des Todes ist teilweise dafür verantwortlich, daß Menschen ein leeres, zweckloses Leben leben; denn wer lebt, als würde er ewig leben, dem fällt es allzu leicht, jene

Dinge aufzuschieben, von denen er doch weiß, daß er sie tun muß. Lebt einer sein Leben in Vorbereitung auf morgen oder in Erinnerung an gestern, geht inzwischen jedes Heute verloren. Wer aber im Gegenteil wirklich begreift, daß jeder Tag, an dem er erwacht, sein letzter sein könnte, der nimmt sich die Zeit, an diesem Tag zu reifen, mehr zu dem zu werden, der er wirklich ist, und anderen Menschen die Hand entgegenzustrecken und ihnen offen zu begegnen.

Es ist in der Tat dringlich, daß jeder – gleichgültig, wieviel Tage, Wochen oder Monate oder Jahre er noch zu leben hat – sich um das Reifwerden kümmert. Wir leben in einer Zeit der Unsicherheit, der Angst, der Furcht und der Verzweiflung. Es ist von wesentlicher Bedeutung, sich des Lichtes, der Kraft und der Stärke in uns selber bewußt zu werden und zu lernen, diese inneren Kraftquellen im Dienst an der eigenen Reife und der Reife anderer zu benutzen. Die Welt verlangt verzweifelt nach Menschen, deren eigene Reife weit genug fortgeschritten ist, daß sie lernen können, mit anderen gemeinschaftlich und liebevoll zu leben und zu arbeiten, sich um andere zu kümmern – nicht um dessentwillen, was diese anderen für einen tun können oder was sie über einen denken, sondern vielmehr nur in Gedanken daran, was wir für sie tun können. Wer Liebe zu anderen aussendet, wird umgekehrt die Widerspiegelung dieser Liebe empfangen; liebevolles Verhalten läßt reifer werden und verbreitet ein Licht, das die Düsternis der Zeit, in der wir leben, heller macht – ob es nun im Krankenzimmer eines Sterbenden ist oder an einer Straßenecke im Getto von Harlem oder in der eigenen Familie.

Nur dadurch wird die Menschheit überleben, daß Individuen sich dem eigenen Reifeprozeß und dem anderer widmen und sich daran beteiligen, ihre Entwicklung als menschliche Wesen zu fördern. Das bedeutet die Gestaltung von liebevollen und fürsorglichen Beziehungen, in denen alle Beteiligten ebenso der Reife und dem Glück der anderen wie dem eigenen verpflichtet sind. Durch die Verpflichtung zur persönlichen Reife werden einzelne Menschen auch ihren Beitrag zur Reife und Entwicklung, zur Evolution der ganzen Spezies leisten, damit sie zu all dem wird, was die Menschheit zu sein vermag und was ihr bestimmt ist. Der Tod ist der Schlüssel zu dieser Evolution. Denn nur, wenn wir die wirkliche Bedeutung des Todes für die menschliche Existenz begreifen, werden wir den Mut dazu finden, das zu werden, was uns zu sein bestimmt ist.

Wenn Menschen begreifen, welches ihr Platz im Universum ist, werden sie auch reif dafür werden, diesen Platz einzunehmen. Aber die Antwort findet sich nicht in den Worten auf dieser Seite. Die Antwort liegt in dir selbst. Du kannst ein Quellfluß großer innerer Kraft werden. Aber du mußt alles aufgeben, um alles zu gewinnen. Was mußt du aufgeben? Alles, was nicht wirklich du bist; alles, was du ausgewählt hast, ohne wirklich zu wählen, und dem du Wert zumißt, ohne es bewertet zu haben; alles, was du übernommen hast durch das von außen kommende Urteil anderer und nicht durch das eigene; alle deine Selbstzweifel, die dich daran hindern, dir selbst oder anderen Menschen zu vertrauen und dich wie sie zu lieben. Was wirst du gewinnen? Nur dein eigenes wahrhaftiges Selbst; ein Selbst, das Frieden gefunden hat, das imstande ist, wirklich zu lieben und geliebt zu werden, und das begreift, wer und was zu sein ihm bestimmt ist. Aber du kannst nur du selbst sein, wenn du nicht jemand anderes bist. Du mußt »ihre« Zustimmung aufgeben, wer immer »sie« auch sein mögen, und mußt dich um deine eigene Bewertung von Erfolgen und Fehlschlägen bemühen, das heißt, es geht um deine eigenen Bestrebungen, die mit deinen Wertvorstellungen übereinstimmen. Nichts ist einfacher und nichts ist schwieriger.

Wo kannst du die Kraft und den Mut dazu finden, diese fremdbestimmten Definitionen deiner selbst zurückzuweisen und statt dessen deine eigenen zu wählen?

Es liegt alles in dir, wenn du suchst und keine Angst hast. Der Tod kann uns den Weg zeigen, denn wenn wir wissen und vollständig verstehen, daß unsere Zeit auf dieser Erde begrenzt ist und daß es keine Möglichkeit zu wissen gibt, wann sie vorbei sein wird, dann müssen wir jeden Tag so leben, als wäre er der einzige, den wir haben. Wir müssen die Zeit jetzt nutzen und anfangen – Schritt für Schritt, mit einer Geschwindigkeit, die uns nicht ängstlich macht, sondern begierig, den nächsten Schritt zu tun, um zu uns selbst heranzureifen. Wenn du dein Leben in Mitleid, Liebe, Tapferkeit, Geduld, Hoffnung und Glauben führst, wird dein Lohn ein immer zunehmendes Bewußtsein der Hilfe sein. Diese Hilfe aber wird sichtbar, wenn du nur in dir selbst nach Kraft und Orientierung suchst. Wenn Menschen »einen Platz der Stille und des Friedens auf der höchsten Ebene finden, die wir erreichen können, dann können die himmlischen Einflüsse in sie hineinfließen, sie neu erschaffen und zur Erlösung der Menschheit benutzen«.

Der Tod ist die letzte Stufe der Reife in diesem Leben. Es gibt keinen totalen Tod, nur der Körper stirbt. Das Selbst oder der Geist oder wie immer du es bezeichnen willst, ist ewig, du kannst diesen Sachverhalt auf jede Weise interpretieren, die dir eine Beruhigung bedeutet.

Wenn du willst, magst du die ewige Substanz deiner Existenz darin sehen, welche Wirkung jede deiner Stimmungen und Handlungen auf jene hat, die du damit erreichst, und dann wiederum auf jene, die von diesen erreicht werden, und so immer weiter – noch lange, nachdem die Spanne deines Lebens vollendet ist. So wirst du zum Beispiel niemals die sich leise dahinbewegenden Wirkungen des Lächelns und der ermutigenden Worte kennen, die du an andere Menschen gerichtet hast, mit denen du in Kontakt kamst.

Vielleicht findest du größere Ruhe und Trost in einem Glauben, daß es eine Quelle der Güte, des Lichtes und der Kraft gibt, größer als jeder einzelne von uns, dennoch immer in uns allen, und daß jedes wesenhafte Selbst eine Existenz hat, die die Begrenztheit des Physischen übersteigt und beiträgt zu jener größeren Kraft.

In diesem Zusammenhang kann man den Tod als einen Vorhang ansehen zwischen der Existenz, deren wir uns bewußt sind, und einer anderen, die uns verborgen ist, bis wir den Vorhang heben. Die Frage ist nicht, ob wir ihn symbolisch öffnen, um die Begrenztheit der uns bekannten Existenz zu begreifen und so zu lernen, jeden Tag, so gut wir es verstehen, zu leben, oder ob wir ihn in Wirklichkeit öffnen, wenn unsere physische Existenz endet. Wichtig ist aber die Erkenntnis, daß – gleichgültig ob wir nun völlig begreifen, warum wir hier sind oder was geschehen wird, wenn wir sterben – unsere Bestimmung als menschliche Wesen in der Reife liegt, in der Suche nach jener Quelle des Friedens, des Verstehens und der Kraft, die unser inneres Selbst ist; sie gilt es zu finden und auszubauen und anderen die Hand zu reichen in Liebe, Annahme, geduldiger Begleitung und Hoffnung auf das, was wir alle gemeinsam werden können.

Um Frieden zu finden, ist es nötig, ein Gefühl für Geschichte zu entwickeln – daß du ein Teil dessen bist, was zuvor war, und zugleich ein Teil dessen, was noch kommen wird. So findest du dich umgeben und bist nicht allein; und das Gefühl der Dring-

lichkeit, das die Gegenwart erfüllt, wird in eine Perspektive gestellt: Benutze die Zeit nicht leichtfertig, die dir zu verbringen gegeben ist. Gehe fürsorglich mit ihr um, damit dir jeder Tag neue Reife, neue Einsichten und ein neues Bewußtsein gibt. Benutze diese Reife nicht selbstsüchtig, sondern im Dienste dessen, was in zukünftigen Zeitläufen sein wird. Laß niemals einen Tag verstreichen, der nicht dem, was zuvor verstanden worden war, etwas hinzufügte. Laß jeden Tag einen Markstein auf dem Pfad zur Reife sein. Gib keine Ruhe, bis nicht das, was zu tun vorgesehen war, auch getan ist. Aber denke daran: Gehe so langsam, wie es für ein gleichmäßiges Voranschreiten nötig ist; verschwende keine Energie. Schließlich laß es nicht zu, daß die trügerischen Dringlichkeiten des Naheliegenden dich von deiner Vision des Ewigen ablenken . . .

Elisabeth K. Ross

Laurie Braga

Joseph Braga

Literaturhinweis

Zu den Gesprächspartnern von Elisabeth Kübler-Ross über eine Bewältigung des Todes, die nicht in die Verzweiflung führt, gehörte *Ernest Becker*. Sein Buch »The Denial of Death«, das auf deutsch unter dem Titel »Dynamik des Todes« im Herbst 1976 im Walter-Verlag in Olten erschien, bezeichnete sie als ein »wirkliches Meisterwerk«. Becker starb, kurz bevor bekannt wurde, daß er für sein Buch eine hohe Auszeichnung, den Pulitzer-Preis, erhalten habe.

Beckers großes Anliegen, das in allen seinen Büchern zum Ausdruck kommt, ist der Versuch, eine Synthese von Humanwissenschaften und Religion in der Einschätzung der menschlichen Psyche und ihrem unentrinnbaren Schicksal, dem Tod, zu finden. »Die Furcht vor dem Tod ist etwas Universelles, in dem sich die verschiedenen Disziplinen der Humanwissenschaften vereinen«, sagt er im Vorwort seines Buches. Die Furcht vor dem Tod macht den Menschen zum Helden; sie ist eine der wesentlichen Triebfedern menschlichen Handelns, eines Handelns, das hauptsächlich darauf ausgerichtet ist, dem Schicksal des Todes zu entgehen oder es zu besiegen.

In einer großartigen Zusammenfassung der Aussagen der Psychoanalyse, auf welchen Wegen der Mensch die Angst vor dem Tod zu besiegen versucht, setzt sich Becker mit dem Werk Freuds und seiner geistigen Erben, allen voran Otto Rank, auseinander. Die von den Psychoanalytikern vorgelegte Analyse der menschlichen Situation ist für Becker von Kierkegaards Werk nicht zu trennen. Die psychiatrische und die religiöse Perspektive des Todesproblems, wissenschaftliche und religiöse Erfahrung, sind im Werk Kierkegaards erstmals miteinander vereint.

Kierkegaard liefert den Beweis dafür, daß eine wissenschaftliche Analyse der menschlichen Situation unmittelbar zur Frage von Gott und Glauben führt. Die Frage nach den letzten Dingen des Lebens gehen Psychologie und Religion in gleicher Weise an. Freilich macht die Psychologie dabei an den Grenzen der menschlichen Möglichkeiten halt. Die Frage: Wozu das alles? ist von der Psychologie nicht zu beantworten, die Widersprüche der menschlichen Existenz können von ihr nicht gelöst werden. Die Orientierung des Menschen über seine Grenzen und den Tod hinaus liegt für Becker nicht im Bereich der Möglichkeiten der Wissenschaft. Der Sieg über die Absurdität menschlicher Existenz ist religiös.

»Was immer der Mensch auf diesem Stern anfängt, es muß in der lebendigen Wahrheit und angesichts des Schreckens der Schöpfung, des Absurden, der Panik, die wie ein kommendes Erdbeben alles erzittern läßt, vollzogen werden. Was auch immer vollbracht wird, muß aus dem Inneren der subjektiven Energie der Menschen geschehen, ohne Schalldämpfer, im Vollgefühl von Leidenschaft, Vision, Schmerz, Angst und Sorge. ... Das Leben drängt nach Ausdehnung in einer unbekannten Richtung, aus unbekannten Ursachen... Es steht eine Triebkraft hinter einem Rätsel, das wir nicht ergründen und mit der Vernunft allein nicht verstehen können. Das Streben nach einem kosmischen Heroismus ist unantastbar und rätselvoll und läßt sich nicht sauber und ordentlich durch die Wissenschaft und durch säkulare Erklärungen rationalisieren... Wir kommen zu der Schlußfolgerung, daß ein grandioses Projekt wie das wissenschaftlich-mystische Bauwerk des Sieges über die menschlichen Grenzen nicht etwas ist, das von der Wissenschaft aufgestellt werden könnte. Mehr noch: Es beruht auf den Lebensenergien einer vom Alpdruck der Schöpfung geschüttelten Menschheit – und es kann nicht einmal mit der Hilfe der Menschen aufgestellt werden. Wer weiß heute, wie die Kraft beschaffen sein wird, die das Leben der Zukunft vorwärtstreibt, oder in welcher Form sie sich unser verzweifeltes Suchen zunutze machen wird? Uns selbst bleibt nur eins: Etwas zu schaffen, sei es ein Objekt, sei es unser Selbst – und es dann hineinfallen zu lassen in die Verworrenheit, um so der Lebenskraft ein Opfer zu bringen.«

Elisabeth Kübler-Ross

Interviews mit Sterbenden
12. Auflage. 160 Seiten. (GTB Siebenstern 71)

Tod und Sterben sind Themen, die heute eher verdrängt als bewältigt werden. Dieses Buch ist der Aufgabe gewidmet, sterbenden Patienten, aber auch Ärzten, Seelsorgern, Schwestern und vor allem auch den Angehörigen der Kranken zu helfen. Die Interviews entstanden in einer großen Klinik im Rahmen eines Seminars für Ärzte, Theologen, Schwestern und Studenten und in Zusammenarbeit mit den Krankenhausseelsorgern.

Elisabeth Kübler-Ross
Verstehen was Sterbende sagen wollen

86-32a

GTB

Was können wir noch tun?
Antworten auf Fragen nach Sterben und Tod. Aus dem Amerikanischen übertragen von Ulla Leippe. 4. Auflage. 142 Seiten. (GTB Siebenstern 369)

Was können wir noch tun, wenn das Sterben unmittelbar bevorsteht? Soll man dem Todkranken die Wahrheit sagen? Was antwortet man auf seine verzweifelte Frage: warum gerade ich? Soll man sein Leben künstlich verlängern? Welche Unterschiede bestehen zwischen dem plötzlichen Tod in jungen Jahren und dem Tod im hohen Alter? Soll man die eigenen Gefühle vor dem Sterbenden verbergen?

Antworten auf diese und eine Fülle ähnlicher Fragen gibt Elisabeth Kübler-Ross.

Verstehen, was Sterbende sagen wollen
Einführung in ihre symbolische Sprache. Aus dem Amerikanischen übersetzt von Susanne Schaup. 160 Seiten und 8 farbige Kunstdrucktafeln. (GTB Siebenstern 952)

Schwerkranke und sterbende Menschen benutzen eine ganz besondere Sprache, um ihre innersten Wünsche und Sorgen auszudrücken. Es ist eine symbolische Sprache, die sich in Worten, in Gesten oder auch in spontanen Zeichnungen äußert. Elisabeth Kübler-Ross lehrt uns, diese Sprache zu verstehen.

Leben
bis wir Abschied nehmen
Mit 80 Fotos von Mal Warshaw und einem Beitrag von Paul Bekker. 176 Seiten. (GTB Siebenstern 955)

Gütersloher Verlagshaus Gerd Mohn

GTB Siebenstern